Leo Karrer

Gottes fremde Sprache

Leo Karrer

GOTTES FREMDE SPRACHE

Das Kreuz mit dem Leid

Mit Beiträgen
von
Adrian Schenker und Bernadette Schacher

Christophorus-Verlag · Freiburg i. Br.

CIP-Titelaufnahme der Deutschen Bibliothek

Karrer, Leo:
Gottes fremde Sprache: das Kreuz mit dem Leid / Leo Karrer. Mit Beitr. von Adrian Schenker u. Bernadette Schacher. – Freiburg i. Br.: Christophorus-Verl., 1990
ISBN 3-419-50938-3

Umschlaggestaltung:
Barbara Müller-Wiesinger, Freiburg i. Br.
Gesamtherstellung:
F. X. Stückle, Druck u. Verlag, Ettenheim

INHALT

VORWORT

Ein neues Buch über Leid und Leiden? Ist nicht alles schon gesagt? Und versagen vor dem Leid Worte nicht zuletzt doch? Dennoch: Jede Generation, jeder Mensch ringt neu um Bewältigung des ihm widerfahrenen Leidens. Darin liegt, so hoffen es die Verfasser, die Berechtigung dieses neuen Buches.

Auf Anfrage von Leo Karrer hin entstand von Adrian Schenker der zweite, speziellere Beitrag aus bibeltheologischer Perspektive. Beide Teile sollten – wie könnte es bei diesem Thema anders sein? – eine Theologie entfalten, die nicht über der Leiderfahrung schwebt, sondern ihr selbst das Wort läßt.

Der Bezug zur Seelsorge ist bewußt gegeben. Dies kommt im ergänzenden Beitrag von Bernadette Schacher über das heute so weit verbreitete Leid der Depression besonders zum Ausdruck.

Leo Karrer
Adrian Schenker
Bernadette Schacher

WAS KÖNNEN CHRISTEN ZUM LEIDEN SAGEN?

Leo Karrer

1 Einleitung

Warum es unmöglich erscheint, gegenüber dieser Frage neutral zu bleiben

Als ich vor Jahren eine Einladung erhielt, über den „Sinn von Kreuz und Leiden im Leben des Christen" einen Vortrag zu halten, bin ich nachträglich über mich selbst erschrocken. Hatte ich nicht zu unbedenklich eilig zugesagt? Haben wir so einfache und schnelle Antworten? Haben wir überhaupt die Frage verstanden? Sind viele Worte zu einem solch „heiklen" Thema nicht doch indiskret, sozusagen vermessen und schamlos gegenüber der abgrundtiefen Wirklichkeit, die sich mit Leid und Leiden, Kreuz und Sterben verbindet? Kann man nicht zu schnell erklären wollen, was man nicht aus eigenen Schmerzen kennt?
Sich anschicken zu wollen, sich über den „Sinn" von Kreuz und Leiden zu äußern, muß arrogant und anmaßend wirken. Denn eine solche Redeweise tut so, als wäre die Frage durch Aufklärung zu beantworten, als wären Leid und Kreuz im vorhinein sinn-voll. Sinnvoll will doch heißen: voll des Sinnes, voll der Bedeutung aus sich selbst.

Um es gleich vorweg zu nehmen: Im Leiden selbst und in den Kreuzeserfahrungen des Lebens – für sich allein betrachtet – ist m. E. kein Sinn zu finden und keine Bedeutung aus sich zu erkennen. Im Leid ist kein Anhaltspunkt zu finden, es als Wert für sich zu erstreben und zu bejahen. Aber ist damit schon entschieden, daß es sinn-los und bar aller Bedeutung ist, sich den Fragen um Leiden und Kreuz sowie um Not und Tod auszusetzen? Sind das nicht letztlich Fragen, die uns auf Tod und Leben angehen, Fragen, die das Leben selber stellt? Zwar ist die unmittelbare Wirklichkeit menschlicher Not und menschlichen Zerbrechens, der persönlichen Leidgeschichten und des gesellschaftlichen Leidensdruckes oft so quälend und lastend, daß es angemessen erscheint, zu schweigen und zu verstummen. Gar manches laute Reden darüber läßt nicht auf die innere Aufmerksamkeit schließen, auf den Blick mit dem Herzen, sondern vermutlich eher darauf, daß wir angesichts konkreter Not und zermürbender Aussichtslosigkeit hilflos und verlegen sind und mit wortreichen Gesten der unmittelbaren Brutalität von Leiderfahrungen aus dem Wege gehen wollen.

Auch wenn dies zutrifft, dürfen wir andererseits die Erfahrungen, die vorerst verstummen lassen und im wörtlichen Sinn des Wortes die Sprache verschlagen bzw. das Reden „zerschlagen", nicht erinnerungslos werden lassen. Es würden sonst die Fragen und Probleme sowie die unverwindbaren Schicksale und unlösbaren Rätsel der Menschen und ihrer Welt unterschlagen, auch jene Fragen, die wir nicht nur stellen, sondern selber sind und erleben. Solches Stummwerden könnte uns taub und blind werden lassen für die Herausforderungen und Zumutungen, die Leid und Kreuz für Menschen bedeuten und in der Geschichte oft so grauenvoll bedeutet haben. Das Dasein mit seinen schmerzlichen Seiten wäre im vorhinein nicht zu verdauen und zu „bewältigen". Die Wirklichkeit hätte uns als stumpfe Kreatur, ohne daß wir zur eigenen

und fremden Wirklichkeit ein Verhältnis fänden und Dasein bewußt gestalten könnten.
Zudem wären Solidarität unter Leidenden und mit Leidenden, also Mit-Leid, ihrer Vermittlungsbrücken und ihrer gemeinsamen Er-Innerungen beraubt. Sie fänden keinen Weg zueinander auf den verschlungenen Pfaden des Lebens.
Können wir dabei die ungelöste Frage des Todes und die bedrängende Zumutung des Sterbenmüssens ausblenden? Oder ist jenem Kollegen recht zu geben, der bei einer Diskussion über die Problematik im Zusammenhang mit der Frage nach dem „Ewigen Leben" fast trotzig äußerte, daß ihn die Fragen nach dem Sinn des Lebens über die Grenzen des Todes hinaus nicht mehr interessierten; das Problem wäre das Hier und Jetzt.
Solche Worte träfen meine Fragesituation nicht ganz. Die Frage nach dem Leid und Kreuz ist m. E. verbunden mit dem „offensichtlich" radikalen Zerbrechen aller denkbaren menschlichen Möglichkeiten – auch der Leidüberwindung und der Leidverarbeitung – im Sterben. Es gibt auf der Tagesordnung des Lebens kaum eine Frage, die so sehr wie diese stets den Rückkommensantrag auf sich trägt. Gegenüber dieser Frage gibt es auf die Dauer kein Ausweichen. Diese Frage ist bei uns Menschen ins Spiel gebracht; und wir setzen uns mit diesen Fragen selbst aufs Spiel, begeben uns damit in die entscheidende Krise. Ohne Rücksicht auf diesen existentiellen Ernst geriete ein leichtfertiges Reden über den „Sinn von Kreuz und Leiden" in den Verdacht, in der Rolle eines billigen Jakobs hausieren zu gehen. Dann wäre es indes angemessener, zu schweigen und andere Fluchtwege zu suchen.

2 Fragen und Antwortversuche

Die Wirklichkeit des Leidens und die Frage nach dem Leid geben keine Ruhe

Ein Blick in die Religionsgeschichte, in die christliche Tradition und in die aktuelle Gegenwart bezeugen, daß die Frage des Menschen nach sich selbst und nach dem Gottesbild immer auch engstens mit der Frage nach Leid und Leiden verbunden sind. Gerade jene Leiden, die von den Menschen nicht vermieden, beseitigt oder beendet werden können, lassen nach einem Verstehenshorizont suchen, der die Leiden wenigstens im Ansatz erträglich werden läßt. Vermutlich ist die Leidensfrage eine der vitalsten erlebnismäßigen Quellen für die Gottesfrage und für die Sinnfragen des Menschen.

2.1 Die Wirklichkeit des Leidens kommt nicht zur Ruhe

Der Fribourger Theologe Johannes Brantschen hat darauf hingewiesen, daß der „leidende Ijob durch die Jahrtausende geht ..."[1]. Tatsächlich – so J. Brantschen – gab und gibt es Ijob überall: als Sklave geschunden, als Hexe verbrannt, in Auschwitz vergast, von der Pest hinweggerafft, vom Erdbeben verschüttet, von Terroristen ins Meer versenkt, von Flutwellen oder durch Dammbrüche hinweggeschwemmt, von Kriegen zerfetzt und verwundet, im Verkehr verstümmelt, als Campesino um Nahrung und Lebensfreude gebracht, in der Anstalt dahindämmernd, vom Krebs zerfressen, im Rollstuhl gelähmt ... Alles Formen des Leids und des Bösen, wie sie von Geschichtsbüchern registriert und von den Medien tagtäglich berichtet werden.

„Menschengeschichte ist Leidensgeschichte, Leiden folgt dem Menschen als Schatten, durchzieht sein Leben wie ein roter Faden, prägt die Weltgeschichte über den Menschen hinaus: ‚Wir wissen ja, daß alles Geschaffene seufzt und sich bis zur Stunde schmerzlich ängstigt' (Röm 8,22)".[2]

2.2 GESELLSCHAFTLICHE LÖSUNGSANGEBOTE – WELCHE ERKLÄRUNGSVERSUCHE WERDEN AUFGEBOTEN?

Ob es sich beim Übel um das von Menschen verschuldete Leiden handelt oder um ein Leid, das dem Menschen sozusagen in nicht verschuldeter Weise unentrinnbar widerfährt: Vom Menschen werden alle Formen des Übels als etwas empfunden, was nicht sein sollte. Viele Jahrhunderte hindurch hat man dabei das *Böse* betont und damit den Menschen in die persönliche Verantwortung genommen. Demgegenüber hat sich in diesem Jahrhundert der Akzent auf das *Leiden* verlagert, wodurch der einzelne Mensch moralisch entlastet worden ist. Der Mensch der Moderne ist, nachdem er Gott gerade auch wegen der Übel in der Welt abgesetzt hat, nicht bereit, die Verantwortung für die menschliche Leidensgeschichte selbst zu übernehmen.[3] Natürlich ist bewußt zu machen, wie undurchdringlich und widersprüchlich die Geschichte der Menschen und die Motivlage beim einzelnen Menschen sind. Verräterisch ist aber trotzdem der Widerspruch in unserer Gesellschaft, um diesen mythologischen Begriff einmal zu gebrauchen, der darin besteht, daß einerseits Leid und Un-Heil in einem Maß bewußt wahrgenommen und analysiert werden, wie dies bis anhin scheinbar nie der Fall gewesen ist; und anderseits werden Leiden und Übel in einer erschreckenden, den Menschen geradezu entmenschlichenden bzw. denaturierenden Weise verleugnet, abgeschoben und verschleiert werden.

Zweifelsohne wird heute das Leid nicht nur in seinem privaten Charakter gesehen. Es ist als ein Gewinn an Wirklichkeitsbezug zu erachten, daß wir darüber hinaus der gesellschaftlichen und politischen Dimensionen von Leid und Leiden bewußt geworden sind. Aber gerade dieser Bewußtwerdung der auch gesellschaftlichen Leidbedingungen widerspricht doch z. T. die gesellschaftliche Einstellung zu Leid und Leiden.

Plausibel scheint immer noch jener Verstehenszugang zu diesem Sachverhalt zu sein, den Horst Eberhard Richter in seinem bekannten Werk „Der Gotteskomplex. Die Geburt und die Krise des Glaubens an die Allmacht des Menschen"[4] dargestellt hat. Nach ihm ist die Krankheit der Neuzeit mit ihrem am Wahrnehmbaren und Meßbaren orientierten Wissenschaftsverständnis und den dramatischen Konsequenzen des technologischen Fortschritts mit einem Kind vergleichbar, das sich in einer radikalen Trotzreaktion verkrampft und alles nur von sich her verstehen und angehen („machen") kann und meistern will. Dieser Allmachtswahn mit seiner Verleugnung der Passivität und seiner Flucht in die Aktivität (Leistung) hat zur Folge, daß auch Leiden vernichtet werden soll, ja daß alles liquidiert wird, was mit Leid und Sterben zu tun hat, denn die „Maschine" Mensch soll funktionieren und jeder Ausfall ist möglichst zu reparieren. Aber der von Richter festgestellte Gotteskomplex und die damit sich selbst aufgebürdete Totalverantwortung des Menschen für sich und seine Geschichte(n) fordern auch ihren Preis. Die Angst ist der Preis, die wie das Ungeheuer Hydra mit vielen und immer neu nachwachsenden Köpfen zum Feind der Menschheit Nr. 1 geworden ist. Muß dies nicht zu einer aussichtslosen Sisyphusarbeit entarten – trotz mancher und z. T. wohltuender Erfolge in der Leid-Vernichtung? Wird der Druck insgesamt nicht zu einer Überforderung? Ist es da nicht verständlich, daß dem Versuch, Leiden zu vernichten und Leid zu verdrängen, die Leidensflucht folgt? Richter spricht sogar von Leidensvermeidung in der Form von Leidensverleugnung, ja von Leidensverachtung und Leidensverschleierung. Können nicht manche fortschrittliche Wohltaten im Gesundheitswesen und im technisch-sozialen Bereich unterschwellig mit Leidverschleierung oder mit der Krankheit, Leiden und Schmerzen nicht mehr ertragen zu können, gekoppelt sein: z. B. Versicherungen, medizinische Forschung, psychiatrische und psychologische Hilfen, Asylierungen und Anstaltswesen, Isolierung der Leidenden ..? Immerhin hat Erwin Ringel, Professor für klinische Psychologie an der Psychiatrischen Universitätsklinik in Wien, diese These von Horst E. Richter unmißverständlich bestätigt.[5] Auch nach E. Ringel scheitert der moderne Mensch am Gotteskomplex, weil er ohne Gott mit der Endlichkeit seiner Existenz nicht fertig wird. Im Gegenteil, das führt zu einer ungeheuren Verunsicherung, zu einer panischen Angst. Das muß m. E. geradezu dazu verführen, „Ersatz-Sinn" zu erhaschen, zu konsumieren oder wenigstens häppchenweise selbst zu produzieren. Bezüglich des Sinnes wird in der Attitude des Machers verfahren.

Ebensowenig kann die Antwort des Marxismus überzeugen, der eine aufgeklärte Bewältigung des Problems auf der Grundlage seines (empirisch-objektiven) Geschichtsverständnisses versucht. Überflüssiges Leiden als gesellschaftliches Leiden ist für ihn das Resultat eines auf Gewinnsucht und Konkurrenz begründeten ökonomi-

schen Systems. Dies gilt es aus der Welt zu schaffen, indem die gesellschaftlich-wirtschaftlichen Bedingungen und Ursachen verändert werden. Leid kann danach durch eine Praxis beseitigt werden, die über den wirklichen Gang der Geschichte aufgeklärt ist. „Abgesehen von dem positiven Ansatz, nämlich der systematischen Suche nach den Ursachen katastrophalen Elends und der Notwendigkeit tatkräftiger Verhinderung vermeidbaren Leidens, wird hier mit der Reduktion des Leids auf den Grad der Ausbeutung von Arbeitskräften durch das Kapital auch die Vieldimensionalität des Leidens (und damit des Mensch-Seins) reduziert und außer acht gelassen, daß sich etwa Leid durch die Natur, durch den Tod etc. nicht mit einer Theorie materieller Praxis eliminieren lassen."[6] Probleme des Leidens und des Sterbens lassen sich so nicht auf die Seite schieben.
Insgesamt wird man sagen dürfen, daß das Leiden im einzelnen verhindert und verringert werden kann, aber der Leidensdruck nicht weniger geworden ist.

2.3 GEFAHR EINES THEOLOGISCH VOREILIGEN REDENS VOM SINN DES LEIDENS

Gerade die Leiderfahrungen, die nicht von Menschen verschuldet sind oder von ihnen beseitigt werden können, schreien nach einem Sinnzusammenhang, der sie durchstehen oder aushalten läßt. Die biblische und theologische Tradition hat eine ganze Palette solcher Verstehenszugänge gewagt[7], wobei es sich eher um Sinn-Angebote als um stringente Sinn-Antworten handelt.

- *Leiden als Strafe und Sühne*

Vor allem in den Schriften des Alten Bundes erscheinen Leid und Krankheit sowie Tod oft als Strafe für Schuld und Sünde. Geschichte gemacht hat auch im Christentum die Auffassung vom Leid, das als eine fast automatisch eintretende Folge von Schuld und Verfehlung verstanden wurde. Es wurde sozusagen als eine vom gerechten Gott verfügte Strafe erklärt. So haben auch die großen Theologen der abendländischen Christenheit wie z.B. Augustinus und Thomas von Aquin Leiden als Strafe und Medizin ausgelegt. Diese schon fast klassisch zu nennende Antwort dürfte auch heute weit mehr verbreitet sein, als aufgeklärte Zeitgenossen vermuten, zumal Teufelsaustreibungen und Sühnereligiosität (Wiedergutmachung) etc. wieder im Steigen begriffen sind. Auch die Ablaßfrömmigkeit hat einer solchen Sichtweise massiv Vorschub geleistet. Im Zentrum des Ablaßwesens stand der Gedanke des Erlasses zeitlicher Strafen vor Gott für die Sünden, letztlich das Gericht eines strafenden und Strafe erlassenden Gottes.

- *Leid als Prüfung und Läuterung*

Verwandt zur eben genannten Leid-Erklärung ist jene, daß Leid und vor allem unverschuldete Krankheiten und Schicksalsschläge reinigende Formen und schmerzliche Wege dafür sind, sich in Glaubensgehorsam einzuüben und sich ergeben in den Willen Gottes „dreinzuschikken". Leid ist dadurch zu einem Mittel der Glaubensprüfung geworden, zumal es auch verstanden wurde als Situation besonderer Gottesnähe für jenen Menschen, der sich selbstlos und konsequent für das Kommen der Heilsherrschaft Gottes einsetzt.

- *Leiden als Ruf zur Umkehr*

Bekannt ist das Sprichwort, daß Not beten lehrt. Dabei wird leicht vergessen, daß Not auch fluchen lehrt, wie denn Leid überhaupt zur Versuchung führen kann, zu verzweifeln und den Glauben an einen gütigen und gerechten Gott zu verlieren. Immerhin belegt das Sprichwort die gängige Auffassung, daß das Leid einer göttlichen Pädagogik entspricht; zum Strafmotiv gesellt sich das Erziehungsmotiv: „Wen Gott liebhat, den züchtigt er" (Spr 3,12; vgl. Off 3,19). Gott wird nicht nur in der Rolle des rächenden Gottes (Strafe) gesehen, sondern auch in der Rolle des züchtigenden Vaters. Ist Ijob nicht allzu gut zu verstehen, wenn er in der zerstörerischen Brutalität und Ausweglosigkeit seines Leidens nicht mehr die Zuchtrute eines liebenden Vaters erblickt, sondern schreckliche Giftpfeile eines übermächtig reagierenden Gottes (Ijob 6,4)?

- *Geschöpfliche Unvollkommenheit der Welt: Ursache für Leid und Leiden*

Eine gängige und theologisch vielfach untermauerte Erklärung für Leid und Leiden sieht den Grund in der Unvollkommenheit der Schöpfung, denn die Schöpfung liegt in Wehen und in Seufzen und wartet in Hoffnung auf die Erlösung (Röm 8,22f.).

Dadurch wird zwar eher die Ursache benannt, als Leid für sinnvoll erklärt. Die Fragen aber, die Gott für das Leiden der Geschöpfe zur Rechenschaft ziehen wollen, verstummen dadurch nicht: Will er nicht oder kann er nicht? Wenn er nicht will, ist er nicht gut. Wenn er nicht kann, dann ist er nicht allmächtig. Ist das nicht eine Frage, mit der schon Paulus gerungen hat: „Wer bist du denn, daß du als Mensch mit Gott rechten willst?" (Röm 9,20).

- *Leidensverherrlichung und Leidens-Mystik*

Der schon genannte E. RINGEL spricht von Leidensverherrlichung und sogar von Leidensverliebtheit.[8] Man hat als eine Form der Leidbewältigung das Leiden verherrlicht. Kreuzesnachfolge bedeutete demnach: wie der Gekreuzigte leiden, sühnen und verdienstvolle Teilnahme und Teilhabe am Sühnetod Jesu. Etwas vereinfacht: Je mehr ein Mensch leidet, um so mehr wird er erlöst sein.

Im Zusammenhang damit ist auch der Sühnetod Jesu zu sehen bzw. die Vorstellung, daß Gott für die Erbschuld der Menschen den Preis des Sühnetodes Jesu verlangte. Leiden wurde in solcher Denkrichtung unvermittelt zu einem verdienst-vollen Opfer, sozusagen zu einem Gegenwert für die Gnade. Aus dieser Leidens-Mystik heraus resultierte nur zu leicht eine Vertröstung auf das Jenseits; und es erlahmten die Bereitschaft und das Bemühen, beklagenswerte Zustände und vermeidbare Ursachen des Leids im Diesseits zu verändern und zu verhindern, ob in persönlichen oder gesellschaftlichen Lebensräumen.

2.4 WELCHES MENSCHEN- UND GOTTESBILD VERBIRGT SICH DAHINTER?

Bei allen Versuchen, dem Leid und dem Kreuz einen den Einzelfall überragenden und in sich selbst gegebenen Sinn und Wert beizumessen, als ob menschliches und geschöpfliches Leid aus sich heraus fähig wäre, in jede leidvolle Erfahrung hinein noch Sinn einzustreuen, ist zu fragen, ob es sich um zu kurzgegriffene Antwortversuche oder gar um Ideologien handelt. Ist Gott nicht allzusehr vom Menschen nach seinem Bilde vereinnahmt worden? Begegnet der Mensch in solchen Erklärungsversuchen nicht doch wieder der eigenen Hilflosigkeit, das Unverdaubare nicht rationalisieren zu können?
Des weiteren ist zu fragen, ob mit den genannten Antwortversuchen menschliches Leid und gesellschaftlich bedingte Nöte nicht doch auf dem Rücken und zu Lasten des Menschen erklärt werden sollen ... und dies im Namen einer hartherzigen und übermächtigen Vaterinstanz, die Gott genannt wird? Leid und Schmerz wären letztlich die vom Menschen zu erbringenden Leistungen und Kosten für das in Aussicht gestellte Heil. Der Mensch wird

vom Hintergrund eines solchen Gottesbildes doch wieder auf seine eigene Leistung verwiesen oder auf sich selbst zurückgeworfen.

Welch ein Bild von Gott verbirgt sich hinter einem strafenden Gott, der Drohungen ausspricht, dessen Liebe durch Leid und Wiedergutmachung auf eigene Rechnung zu erkaufen ist? Dessen Liebe und Fürsorge durch Wohlverhalten, durch Unter-Ordnung und letztlich durch religiöse Angst erkauft werden müssen? Welch ein erbärmlich schindender Gott nach unserem Ebenbild (anthropomorphes Gottesbild) muß es sein, wenn wir dessen Liebe und Zuneigung trickreich und durch möglichst viel Leid und Schmerz (Ab-Tötung) erschleichen müssen? Ist die Frohbotschaft dadurch nicht allzu sehr zur Drohbotschaft verkommen? Und ist das Christentum damit nicht als Furchtreligion, als Moralinstrument weltlicher und geistlicher Herrscher verraten worden? Welch schreckliche Leiden sind den Menschen im Verlaufe auch der Christentumsgeschichte aufgrund eines harten und strafenden Gottesbildes zugemutet und angetan worden! Wie viele haben sich im Verlaufe der Geschichte als Komplizen eines „Tyrannengottes" hervorgetan!

Man spürt, wie die Fragen nach dem Leid und Kreuz und, damit verbunden, nach dem Verständnis des christlichen Glaubens Fragen nach dem Menschen- und Gottesbild aufwerfen und damit Fragen, die wir nicht nur stellen, sondern auf Tod und Leben selber sind. Es ist somit weder im Kreuzesgeschehen – für sich allein betrachtet – ein von Gott verfügter Sinn noch im Leid der und des Menschen ein in sich selbst aufzuweisender und aus sich selbst gegebener Sinn zu finden. Ist damit das Kreuz als Un-Sinn erklärt? Ist damit menschliches Leid als absurd erklärt? Oder bin ich zynisch, weil ich den leidenden Menschen und der leidenden Kreatur den letzten Halt nehme, den letzten Trost? Gibt es vom christlichen Glauben her eine Sinn-Erklärung für Kreuz und Leid, sozusa-

gen eine Antwort, die trägt, bei der Frage: warum Leid und Leiden, Kreuz, Sterben und Zerbrechen?
Persönlich weiß ich keine erklärende Antwort. Wohl gewinne ich vom christlichen Glauben her ein Hoffnungslicht, das zwar nicht Kreuz und Leid als in sich sinnvoll erscheinen läßt, aber vielleicht helfen kann, mit diesen Fragen zu leben – und wie ich hoffe – auch zu sterben.
In Kurzform die Gehversuche vorweg: Nicht das Leid ist bejaht und damit voll des Sinnes, sondern der leidende Mensch ist in Liebe bejaht und voll des Sinnes. Nicht das Kreuz Jesu ist bejaht und voll des Sinnes, sondern Jesus der Gekreuzigte ist in Liebe bejaht und eröffnet uns allen Sinn.

3 Leben in Fülle ist nicht machbar

Grenzerfahrungen

Die Frage geht nun dahin, ob es eventuell vom Geheimnis des Menschen, von der Geschichte der Menschen und der Lebensgeschichte des einzelnen Menschen her Zeichen und Anhaltspunkte geben könnte, die Leiden als sinnvoll erscheinen lassen, die wenigstens einen Erklärungshinweis andeuten. Gibt es im Leben der Menschen und in der Welt nicht doch eine letzte Sinntiefe, aus der heraus selbst das Leid und das Böse dem Guten dienen? Vermittelt das menschliche Dasein selbst einen solchen Zugang, das Böse und das Leiden sowie das totale Zerbrechen im Sterben begreifend zu verstehen?

3.1 DIE SITUATION UNSERER WELT IST WIDERSPRÜCHLICH

Unsere gegenwärtige Gesellschaft teilt wohl mit allen Generationen zuvor das Bestreben, sich nach Glück, Leidüberwindung, nach Geborgenheit, Freude und Lebenserfüllung zu sehnen. Aber gleichzeitig erfahren wir auf sehr unterschiedliche Weise, wie brüchig und bedroht, ja hinfällig Glück, Utopien und menschliche Pläne sein können. Das Bewußtsein, wie nahe Fortschritt und Absturz auch im großen beieinander sein können, dürfte heute ein Ausmaß erreicht haben, wie dies früher kaum der Fall gewesen ist.

Der einzelne Mensch erlebt mit fast lähmender Hilflosigkeit, wie sich die technische und ökonomische Macht, aber auch die politische und militärische Gewalt immer geballter konzentrieren und wie diese Mächte zu ihrer Kontrolle Instrumentarien und Strategien von nie dagewesenem Ausmaß entwickelt haben. Auf der einen Seite erleben wir in geradezu faszinierender Weise eine durch wissenschaftliche Aufklärung und den technischen Fortschritt bis anhin kaum denkbar gewesene Natur- und Weltbeherrschung – bis hin zur erschreckenden Eventualität, das Ende der Menschheit und der menschlichen Geschichte selber auslösen zu können. Auf der anderen Seite will es uns trotz des technischen Know-how immer weniger gelingen, die Kluft zwischen den Satten und den Hungernden, zwischen den vielen Armen und den wenigen Reichen, zwischen den Menschen des Nordens und den Menschen der südlichen Erdhälfte, zwischen kapitalistischen oder realsozialistischen Systemen und den Erwartungen auf eine gerechtere Verteilung der Güter dieser Erde, zwischen Wissenskompetenz und mündigen Verhaltensweisen, zwischen Unterdrückung und Freiheitswillen usw. zu überbrücken. Im Gegenteil, wir gewinnen den Eindruck, daß sich diese Kluft ausweitet und sich eher noch in Fronten verhärtet. Inzwischen sind wir auch durch die Sorgen um das Überleben der Schöpfung aufgeschreckt und erleben, wie die vielfachen Ressourcen unbekümmert wegverbraucht werden und uns der Alptraum eines globalen Verteilungskampfes in Angst zu setzen vermag.

Die sogenannten Massenmedien sind zu Schienen dieses erwachten Bewußtseins mit seiner Problemfülle geworden. Obwohl wir vielfältigst über solche Bedrohungen und über das Geschehen auch in der weiten Welt bestens informiert sind – verkraften wir die Problemfülle kaum mehr. Wir schützen uns gleichsam durch eine innere Distanz gegenüber den uns zugeschwemmten Nachrichten und Botschaften. Kaum haben uns Katastrophenbilder erreicht und uns betroffen gemacht, rüsten die Gefühle auch schnell wieder ab. Informations-Solidarität im Wissen um das, was geschieht, entwickelt sich äußerst schwerlich zu einer für die Entrechteten oder für die Opfer helfenden und entlastenden Solidarität. Wir befinden uns bewußtseinsmäßig und praktisch in einem Dilemma, dem sich der einzelne Mensch ohnmächtig und in seiner Phantasie auch ratlos, oft geradezu hoffnungslos gegenüber sieht. Ist es da nicht verständlich, daß sich die Menschen angesichts des Problemüberhanges lieber auf sich selber und in das private Leben zurückziehen, weil sie angesichts der durch die Medien vermittelten Probleme doch „hilflose" Schuldner bleiben und sich deshalb lieber in Schonräumen schützen vor dem Druck der großen Problemflut (Individualisierung). Die großen Herausforderungen scheinen zu erdrücken.

3.2 AUCH „FORTSCHRITT" IN UNSERER GESELLSCHAFT GIBT RÄTSEL AUF

Der rasante wissenschaftliche und technische Fortschritt – bis hin zum biochemischen Griff ins Innere des Lebens (z. B. Genmutation ..) ist unbestritten. Trotzdem macht heute die entscheidende Frage nach dem Menschen und nach dem Sinn des Ganzen und des menschlichen Daseins durchaus verlegen. In der Pragmatik des Alltags wird diese Frage auch leicht sozusagen auf die lange Bank geschoben, denn das tägliche Leben funktioniert aus seiner „Mechanik" heraus, in der kritische Fragen den Betrieb nur stören würden. Aber gerade vor dem Hintergrund der gewonnenen Kräfte ist zu fragen, wer denn der Mensch sei, der sich solcher Fähigkeiten „rühmen" kann. Seine eigenen Werke und seine Erfindungsbegabung scheinen Kopf und Herz zu überfordern. Sind wir vielleicht zu mehr imstande, als wir zu verkraften in der Lage sind? Oder drückt die gewonnene Stärke nicht letztlich in den Untergang?

Auch wenn man nicht zu leugnen braucht, daß der Fortschritt mit den von ihm gebotenen Chancen des Fort-Schreitens faszinieren kann, so können wir uns nicht um die Frage drücken, wohin dies alles führen mag. Denn das Eindringen in die Natur und die – leider zunehmend von ökonomischen Interessen gesteuerte – wissenschaftlich-technische Beherrschung der Welt entpuppen sich, weiß Gott, nicht als heilende und befriedende Faktoren der Weltgeschichte, sondern auch als neue Formen und Einfallstore für versklavende und leidbringende Abhängigkeiten. Auch wenn uns ungeahnte technische, zivilisatorische und humanwissenschaftliche Erkenntnisse sowie organisatorische und informative Wege der weltweiten Kommunikation verblüffen, gelingt es uns kaum oder höchstens unter größtem Aufwand, den Konflikten und Spannungsherden, den Katastrophen und den unterschiedlichen Gesichtern individueller und kollektiver Not sowie den Ungerechtigkeiten von Menschenhand wirkungsvoll und heilend zu begegnen.

Dies darf aber nicht darüber hinwegtäuschen, daß die Sensibilität für die verschiedenen Nöte und ihre Quellen, für Frieden, Freiheit, Gerechtigkeit, Gleichberechtigung, Solidarität mit Menschen und mit der Schöpfung in Not gewachsen ist. Das sind doch Kategorien, die unsere Vorstellungen vom menschlichen Zusammenleben prägen und unsere Utopien der Menschenrechte bewußtseinsmäßig bestimmen, auch wenn es im einzelnen kaum eingeübte Tugenden sind.

Dieser ernorme und anscheinend auch überfordernde „Fortschritt" ist als Schritt nach vorne natürlich nicht in den ehemals gangbaren Gesellschaftsstrukturen von gestern oder vorgestern zu meistern und zu vollziehen. Die

heutigen Zeitgenossen und Zeitgenossinnen bedürfen im Vergleich zu den früheren Gesellschaftsprozessen einer viel ausgeprägteren Mobilität im Sinne einer geistigen Beweglichkeit, um die Spannung zwischen gestern und morgen im Heute auszuhalten.
Von daher ergeben sich die Fragen – ob man will oder nicht –, welches die Kriterien und Anhaltspunkte sind für die Gestaltung des persönlichen und des gesellschaftlichen Lebens. Auf welche Werte kann man sich gesellschaftlich einigen, worin besteht ein möglicher Konsens? Damit stellt sich auch die Sinnfrage als Suche nach den Werten und normierenden Leitplanken, an denen die Menschen – bei aller Spannung zwischen den Verpflichtungen und Aufgaben der Gemeinschaft und den berechtigten persönlichen Entfaltungsmöglichkeiten des einzelnen Menschen – ihre umfassende gemeinschaftliche Ordnung orientieren können. Darin scheint doch die Spannung aller Gesellschaftsordnungen zu liegen, ob sie einen Rahmen finden, in dem sich die Verpflichtungen der Gemeinschaft mit einer möglichst eigenverantwortlichen Freiheit der einzelnen Menschen verbinden und verwirklichen lassen.
Damit ist nur stichworthaft skizziert worden, daß sich die heutigen Menschen von der Natur bis zu einem gewissen Grade „emanzipiert" haben, aber die gewonnenen Machtanteile über die Natur auf den Menschen hin neu orientieren müssen. Denn die Veränderbarkeit der menschlichen und außermenschlichen Natur ist nicht beliebig. Es gehört zum Menschen, daß er mit seiner Natur, die er nicht selber gemacht hat, sondern die ihm bis zu einem gewissen Grad vorgegeben ist, nicht unbegrenzt nach eigenem Gutdünken schalten und walten kann. Auch ist mehr als fraglich geworden, ob man alles darf, was man kann. Die Gestaltung der personalen, sozialen und naturalen Lebensbedingungen der Zukunft nimmt sich aus wie eine gefahrvolle Fahrt in die Zukunft zwi-

schen Skylla und Charybdis hindurch, ohne daß es schon klar ausgemacht wäre, in welchem Sinne diese gefahrvolle Reise auch eine glückliche Heimkunft nach Ithaka bedeuten wird.
Ob die Waagschale der Leidensvermehrung oder der Leidverminderung an Gewicht verliert oder gewinnt, das scheint allerdings sehr offen zu sein. Aber gibt es eventuell im Menschen selbst Spuren, die auf eine Erklärung der Leidensproblematik hinweisen?

3.3 WIR MENSCHEN STELLEN NICHT NUR FRAGEN, WIR SIND UNS SELBER EINE FRAGE

Der Mensch ist bekanntlich das Wesen, das nicht nur auf Tod und Leben Fragen stellt, sondern sich selbst zutiefst Fragen aufgibt und Frage ist. Erich Fromm hat in seinem bekannten Buch „Haben oder Sein" (Stuttgart 1976) in einer bestechenden Analyse darauf hingewiesen, daß das Selbst- und Weltverständnis des Menschen entweder in der Forcierung des Habens und Besitzens oder in der Haltung des Seins zum Ausdruck kommt. Die Gefährdung des heutigen Menschen in unseren Lebensbereichen liege – vereinfacht dargestellt – im Verhalten des Habens und in der Einstellung des Habenwollens.
Er bzw. sie will besitzen, sich einverleiben, beherrschen, befriedigen, gebrauchen und konsumieren. Der Mensch will sich in dem bestimmen und „beheimaten", was er haben, sammeln und besitzen kann. Diese Lebens-Philosophie bedarf des steten Mehrzuwachses und des „immer noch mehr ...", wobei die Steigerung in der Eindimensionalität des quantitativen Habens befangen bleibt: noch mehr Geld, noch mehr Drogen, noch mehr Genuß, noch mehr Macht und Einfluß, noch mehr Bildungsinhalte, noch mehr Informationen, noch mehr Verplanung, noch

mehr Rendite. Man definiert sich nicht so sehr in dem, was man von sich selber her ist, sondern in dem, was man außerhalb von sich selbst hat und ansammelt. Das ist selbst-entfremdend. Der Überdruß kann in Frustrationen und in Aggressionen umschlagen oder kehrt sich im Glücksfall in eine Bewußtseinsänderung, die ansprechbar wird für den Mangel an Qualtiät im Verhalten.

Demgegenüber versucht der Mensch im Verhalten des Seins bzw. in der Haltung des Werdens zu sich, zu den Mitmenschen, aber auch zur näheren und weiteren Umwelt eine Beziehung aufzubauen und sich darin zu entfalten. Dadurch lebt und erlebt er sich weniger von außen bestimmt, bewertet und beherrscht, sondern vielmehr aus sich heraus handelnd, von seinen eigenen Quellen und von seinem Wollen, d.h. von sich selber her bestimmt und „ermächtigt". Sein und Werden ist eine aktive und nie abgeschlossene Entwicklung, ein sich differenzierender Lebensvorgang, wodurch im eigenen Verhalten zu sich und zur Umwelt die Übereinstimmung und Einheit mit sich selbst (Identität) prozeßhaft erworben werden möchte. Selbst die Erfahrungen von Schuld und Bösartigkeiten, die wir gerne in die geheimsten Katakomben unseres Bewußtseins verlegen, können zum Anlaß und zur Chance für die Persönlichkeitsbildung (Identitätsfindung) werden, wenn man sich ihnen stellt und sie nicht wegschiebt.

Auf dem Weg dieses prozeßhaften Werdens – im Modus des Seins und nicht in dem des Habens – findet der Mensch zu sich, wird er sich selbst und wird dadurch kein nivelliertes Objekt seiner Außenwelt oder der Gesellschaft. Aus sich selbst heraus entbindet er dann eigene Kräfte und Ziele und verhält sich insofern authentisch und genuin. Die Selbstwerdung als Prozeß der Identitätsfindung geschieht natürlich stets im Wechselspiel zwischen dem Ich, das sich selbst werden möchte, und den vielfachen Einflüssen durch Herkunft und Umwelt.

„Sein" und „Haben" sind kein Entweder-Oder, sondern im Prozeß der Selbstfindung und Selbstwerdung wie zwei sich gegenseitig bedingende Pole. Letztlich geht es dabei um eine Balance zwischen dem Ich und der das Ich tragenden, aber auch bestimmenden Umwelt. Dabei gewinnt der einzelne Mensch – durchaus in Kommunikation mit der sozialen Umwelt – prozeßhaft eine eigene (autonomere) Orientierung von und gegenüber sich selbst und bestimmt sein Verhalten und sein Handeln von seinem „Niveau" her. Dies erfolgt jedoch stets durch die Verarbeitung der eigenen Biographie und durch die Ablösungsschritte von Bindungen, von denen her man sich verstand oder definierte oder in denen man sich aus Unsicherheit oder mangelndem Selbstvertrauen abstützte. Gemeint ist damit die Identifikation mit eigenen Idealen, mit Mutter- und Vaterfiguren, mit Mitmenschen und Ideologien, von denen man so abhängig ist, daß man sich selbst von ihnen her abhängig macht, ihnen in Teilen sozusagen verfallen und gefällig ist. Die Autoritätsprobleme – auch in der Kirche – geben ein beredtes Zeugnis davon! Ziel des Selbstwerdungsprozesses ist jedoch die Identitätsfindung, nicht die Identifikation mit anderen. Persönlichkeitsentfaltung ist somit ein auch schmerzlicher Prozeß der Ablösung von Identifikationen, bei denen ich mich auf sublime Weise von dem her verstehe, was ich haben kann oder was mich haben kann, aber nicht mich selbst ist oder wird. Diesen Prozeß kann uns deshalb niemand abnehmen, denn mündig bzw. „erwachsen" werden muß man selber – und zwar ein Leben lang. Das Gegenteil davon wäre der angepaßte, gesteuerte, sich selbst entfremdete und von vielen Fremdeinflüssen „gehabte" bzw. besessene oder gekaufte Mensch, dem es nicht vergönnt ist, sein individuelles Leben und sein Verhalten in und zur Gesellschaft frei und eigenverantwortlich und damit natürlich auch haftbar zu wagen und zu gestalten.

Die neuen Errungenschaften nun (ver-)führen leicht dazu, sie zweckrational, bedürfnisorientiert, gewinnträchtig und nutzbringend einzusetzen. Beispielhaft kann dies am Konsumverhalten der sog. Massengesellschaft aufgezeigt werden, auch wenn die beiden Begriffe nicht unbedenkliche Schlagworte sein können. Es ist jedoch unbestritten, daß die Daseinsgestaltung im Modus des Habenwollens eine Zweckrationalität fördert, die nur nach Nützlichkeitserwägungen bis hin zu primär ökonomischen Rücksichten bemißt und bewertet. Geld wird unter der Hand zum Bewertungs-Maß-Stab. Sogar menschliche Beziehungen werden dann nach Gesichtspunkten der Rentabilität verrechnet und menschliche Werte, wie z. B. Menschenrechte und Fragen der Lebensqualität werden nach deren praktischen Nutzen eingeebnet. Was bringt's? Was *hat* man davon? – ist die Frage. Eine solche verzweckte Haltung entpuppt sich vordergründig als vernünftig, weil sie sich an das Taktische und Praktische anpaßt und weil die grundsätzlichen Aspekte eher nach ihrer Brauchbarkeit eingeschätzt werden. Den Menschen wird damit einsuggeriert, Freiheit bestehe gerade darin, extensiv noch mehr haben, berechnen und sammeln zu können. Dabei übersieht man leicht, daß man sich der über den Augenblick und über die Nützlichkeitserwägungen hinausgehenden, kulturellen Perspektiven beraubt und keine Grundlagen für tragende und befreiende Solidarität schafft. Eine nur zweckorientierte Vernünftigkeit führt zum praktischen Materialismus, der die Menschen vermarktet und verdinglicht und sich dafür sogar Theorie und System verschafft. Die Frage nach dem Sinn des Ganzen wird anonym; der reine Pragmatismus verliert die Erinnerung an die „Seele" des Daseins. Man gewöhnt sich an ihn; das Hungergefühl kommt abhanden. Dorothee Sölle spricht im Anschluß an Pier Paolo Pasolini von „consumismo". Der Konsumismus ist die perfekte und unerbittliche Repression jeder „existentiellen Unbedingtheit", schreibt D. Sölle. „Der Glaube an den unableitbaren Sinn des Lebens wird ... nicht mehr vorausgesetzt."[9]

Vermutlich werden uns in Zukunft keine geringen Rechnungen dafür präsentiert, daß wir Raubbau an der Natur und im Konsum an unseren psychischen und körperlichen Kräften betreiben. Auch die Natur kann zurückschlagen, weil wir über die Verhältnisse leben (das wäre selbst-verschuldetes Leid und keine sog. Naturkatastrophe ...).

Die Spannung zwischen dem Habenwollen und dem Sein (Werden) in der gegenwärtigen Situation erhält eine eigenartige Komponente durch die restaurativen Tendenzen in Gesellschaft und Kirche. Wenn man es etwas gewagt ausdrücken will, so könnte man die Aufbruchstimmung in den 60er Jahren sowohl in der Gesellschaft als auch in der Kirche (die kulturelle Revolution in den Studentenrevolten, Vatikanum II etc.) als kollektiven Versuch deuten, die alte Ordnung an bestimmten Punkten zu durchbrechen und freier und gerechter die Zukunft zu gestalten. Die zivilisatorischen Errungenschaften mußten hinterfragt werden und in die Kultur einer neuen Ordnung münden. Mitte der 70er Jahre aber kippte die Stimmung um. Den erregenden und den z. T. zu rationalistischen Formen des Auszugs aus festgefahrenen Strukturen folgten Ernüchterung, Erschöpfung und z. T. das Bedürfnis nach Ruhe. Man wollte es wieder lieber wie ehedem „haben". Und es wuchs die Angst vor der Freiheit, neue Wege auszukundschaften, ungewohntes Gelände zu beschreiten und das ringende *Werden* in eine noch ausstehende Zukunft zu wagen.

In diesem Auf und Ab des Ausbruchs und Aufbruchs ist die letzte in etwa noch anerkannte Autorität, nämlich die Wissenschaft, in eine zwielichtige Spannung geraten. Auch die Wissenschaft ist nicht in der Lage und wohl auch kaum willens, die Frage nach dem Sinn des menschlichen Daseins und der menschlichen Geschichte zu beantworten. Sie kann wohl Situationen analysieren, Alternativen aufzeigen, Systeme entwickeln, Konsequenzen kalkulieren und Entscheidungsgrundlagen beschaffen. Aber die Wertentscheide und die Konsensfindung kann sie nicht abnehmen; und die Kriterien für fundamentale Bewertungen kann sie nicht einfachhin „liefern" oder gar machen. Lebenssinn ist weder im Reagenzglas zu dechiffrieren noch in der Retorte zu konstruieren. Nicht umsonst spricht man heute von funktionaler Intelligenz, was so viel besagt wie Intelligenz, die sich auf praktische Detailfunktionen konzentriert (Spezialisierung), ohne das Ganze im Auge zu behalten, weil dies einem einzelnen auch nicht mehr möglich wäre. Wenn es eine funktionale Intelligenz gibt, dann gibt es m. E. auch eine funktionale Dummheit, weil wichtige Bereiche des Lebens – außerhalb des Blickwinkels der sog. funktionalen Intelligenz – kaum oder überhaupt nicht mehr wahrgenommen werden. Letztlich führt diese Tendenz zu einer Art „religiösen Analphabetismus", weil mit dem Verlust ganzheitlicher Orientierung die Tiefendimension des Lebens unterschlagen wird. Ist es da nicht verständlich, daß in New Age, Esoterik, Jugendreligonen und Fundamentalismus, aber auch im Drogenkonsum oder in der „Kultur der Analgetika" (Kolakowski) Ersatz-Lösungen gesucht werden? Wenn sich zudem die Inhalte religiöser Traditionen oder universale Weltbilder und Weltanschauungen auflösen, ist es da nicht nachfühlbar, daß immer weniger Menschen in der Lage sind, ihre Leiden und die Leiden der Vergangenheit trostlos zu ertragen, jene Leiden, die sich nicht erklären und nicht begreifen lassen. So drängt sich erst recht die Frage auf nach der Mensch-Werdung zwischen Sinnverwirklichung und Entfremdung.

3.4 MENSCH-WERDUNG IM „FRAGMENT"

Woher – ist zu fragen – vernimmt der Mensch, woraufhin sein Leben und die Geschichte der Menschheit angelegt sind? Oder ist die Frage schon Luxus, worin denn die Erfüllung und die letzte Vollendung menschlicher Existenz liegen? Der Mensch ist zweifelsohne jene Wirklichkeit, die sich – wenn auch nicht eindeutig – am dichtesten aussagt und sich mitzuteilen vermag. Die Gabe der Sprache und das Angewiesensein auf das Sprechen belegen dies. Vor allem aber zeigt sich dies darin, daß der Mensch auf andere Menschen angewiesen ist und ihrer auf Tod und Leben bedarf: Der Mensch kann letztlich nur als Mitmensch leben. Eine schicksalshafte Vereinzelung bringt ihn schnell und leichterdings an den Rand des Lebenwollens und an den Rand seiner menschlichen Kraft. Gerade in unserer Zeit, in der emanzipatorische Ideale und Freiheitsbestrebungen, aber auch das wichtige Postulat ganzheitlicher Selbstverwirklichung sich als selbstverständliche Normen für die Gestaltung des menschlichen Miteinanders eingebürgert haben, ist darauf hinzuweisen, daß diese berechtigten Anliegen nicht egozentrisch vereinseitigt werden. Die menschliche Entfaltung geschieht entscheidend auch in der Kategorie des Du, wobei die anderen nicht als Opfer auf dem Schlachtfeld der eigenen Selbstbehauptung liegen gelassen werden.
Wenn auch der Mensch der aussageintensivste Ort ist bzw. die Wirklichkeit, die sich am dichtesten aussagt und sich etwas zu sagen hat, so ist er sich selbst doch nicht bis ins Letzte hinein eindeutig durchsichtig und erkennbar. Er kann den innersten Kern seiner Personalität und den Sinn seiner Existenz nicht vollends entziffern. Nicht alle seelischen Bodenschätze im tiefsten persönlichen Lebenskern mit ihren unbewußten Anteilen lassen sich ins Bewußtsein heben und subjektiv nach Gutdünken handhaben.

Wir erfahren uns konkret im Hineinverflochtensein in die Natur, in die Gesellschaft und in die uns auch begrenzenden geschichtlichen Bedingungen. Diese Situation ist sowohl Chance als auch Gefährdung. Es ist äußerst schwierig, zwischen den verschiedenen Polen des Lebensprozesses die für sich jeweils gültige oder echte, d. h. die zweifelsfreie eigene Mitte zu finden und die Treue zu sich selbst zu verwirklichen, seine Identität zu finden zwischen Individualität und Sozialität, zwischen sich selbst und den anderen, zwischen Naturverflochtenheit und Reifung des eigenen Ichs zum Selbst (zur Personalität).
Wir Menschen erleben uns bruchstückhaft sozusagen im Fragment. Damit ist die Spannung gemeint zwischen den vielfältigen, oft nicht mehr auslotbaren Faktoren, die einen mehr oder weniger bestimmen, und den Möglichkeiten wachsender Freiheitserfahrungen, zwischen Fremdbestimmung und eigener Verantwortung, zwischen beglückendem Gelingen und der bemühenden Vergeblichkeit des eigenen Plagens, zwischen den erfüllten Wünschen und dem unabgegoltenen Noch-nicht der Sehnsüchte, zwischen Schuldigwerden und Verzeihen; zwischen Leben-Wollen und Sterben-Müssen. Ist es nicht oft so, daß wir uns in den Fjorden unseres Herzens und in den Nischen emotionaler Geborgenheit sozusagen festsetzen und uns nicht in die weite See des Lebens hinauswagen aus Angst, es könnte Verletzungen abgeben, Gefühle könnten sich diffamiert erleben oder wir könnten in die Gefahr geraten, unentrinnbare Situationen nicht mehr meistern zu können?
In der Integration, d. h. in der Vereinigung all dieser verschiedenen Dimensionen und im Aushalten der Spannungen zwischen all diesen Polen läge doch so etwas wie eine Utopie eines glückenden menschlichen Daseins und voller personaler Entfaltung im Freiwerden für sich und andere. Aber die Erfahrung lehrt und das konkrete Leben teilt rücksichtslos mit, daß dies – im Idealfall – höch-

stens annäherungsweise gelingt und nie vollends glückt. Der Mensch erfährt sich nicht in der Lage, den Sinn solcher Vielfalt und der unüberschaubaren Zerstreutheit der Wirklichkeit zu durchschauen und diese von ihrem gleichsam wurzelhaften Sinn, von ihrer Tiefe (Paul Tillich) bzw. vom Ganzen her zu erfassen und zu erhellen. Ebensowenig gelingt ihm, das eigene Leben und die Fülle und die Üppigkeit des Lebens auf dieses Ganze hin zu gestalten und auszurichten.

Erfahrungen, die vielleicht am unmittelbarsten die Frage nach dem Sinn des Daseins erhellen und vermutlich eine leise Ahnung der Antwort nahekommen lassen, sind die tiefen Begegnungen in der Liebe und die Erlebnisse bedingungsloser Solidarität. Ist es nicht gerade Liebe zwischen Menschen, die nicht bei Grenzen stehenbleiben möchte? Liebe wehrt sich gegen ihre Teilbarkeit. Sie birgt in sich den Willen zu ihrer grenzenlosen Ganzheit. Die „Logik" der Liebe kann für die Vernunft dummer Unsinn sein, ja sogar unmöglicher Leichtsinn für jene, die vorsichtig rechnen. Die Liebe rechtet und berechnet nicht, denn sie braucht vor sich selbst keine Rechenschaft; sie ist, indem sie sich gibt und erlebt. Sie erinnert in ihrer jeweiligen Gestalt und in ihrem Erleben an ihr Wesen; und dadurch weckt sie den Willen und gar die Hoffnung nach ihrer letzten Tiefe als Erfüllung – fernab jeglicher Bedrohung und Berechnung. Das innere Wesen der Liebe ist von der Tendenz der Liebe her zugleich ihre Zukunft: nämlich volle und unbegrenzte Erfüllung im Miteinander. – Nun ist zu fragen, ob die Liebe nicht doch ansatzweise zu einer Verheißung wird, die auf diese Erfüllung drängt und hinweist? Kann sie nicht auch selbst in ihren leidvollen Formen sogar diese Ahnung oder Hoffnung auf Erfüllung wecken?

Aber trotz alledem ist realistischerweise nicht zu vergessen, daß ausgesprochen oder unausgesprochen das Wissen um die Unausweichlichkeit des Sterbenmüssens unser Leben bedrängt. Es bestimmt unser ganzes Leben zu innerlichst, auch wenn dieses Bewußtsein in der Geschäftigkeit des Alltags oft gestorben zu sein scheint. In diesem Sinne sind Sterben und Tod im menschlichen Leben ständig anwesend. Das Leben erhält von daher einen letzten entschiedenen Ernst und volles Gewicht, das Leben gerade in seiner zeitlichen und leiblichen Begrenztheit unvermindert und einmalig ernst zu nehmen. Von diesem Hintergrund her ist ein jedes Leben, auch wenn es glückt, an seiner Wurzel doch eine gebrochene und für den innersten Wesenskern nicht ganz durchsichtige und einholbare Wirklichkeit. Nicht nur die leidvollen, auch die glückenden Lebenserfahrungen sind einer radikalen „Demütigung" im Sterben ausgeliefert.

Deshalb kann sich der Mensch sich selbst, den Mitmenschen und der Welt sowie seiner eigenen Geschichte gegenüber entfremden. Auf jedem Niveau einer Lebensphase kann sich die Richtung ändern – zum Guten oder zum Schlechten. In der Vielfältigkeit seiner Erfahrungen und Selbstbedeutung kann er dazu verführt werden oder sich verführen, Teilbereiche des Lebens oder beschränkte Erfahrungen und subjektive Wünsche für das Ganze zu nehmen, sie im einzelnen total zu setzen und ideologisch zu legitimieren. Deshalb wird leicht verständlich, warum der Mensch schwankt zwischen Angst und Hoffnung, zwischen Kleinmut und Großmut, zwischen abkapselnder Selbstbehauptung und selbstvergessener Hingabe, zwischen Selbstbestimmung und Selbstweggabe, zwischen Rückzug in sich selbst und Auszug in gesellschaftliche Mehrheitsverhältnisse, wie doppeldeutig und widerspruchsvoll auch immer die partikulären Lebensbereiche und bruchstückhaften Erfahrungen sein mögen.

In der wiederkehrenden Erfahrung, daß der Mensch trotz seiner vielen Kräfte nur im Fragment unterwegs zu sich selbst und zu seiner Erfüllung ist, liegen letztlich die Quellen seines Fragens und Suchens nach Freiheit, Ge-

rechtigkeit, Lebenskonzept und nach den Gestaltungskriterien des menschlichen Miteinanders, nach dem Sinn des einzelnen und der Geschichte der ganzen Menschheit. Gelingt ihm nicht wenigstens ansatzweise eine Sinngebung vom Ganzen her, dann wird der Mensch krank. Er verliert in seinem Dasein und Handeln die seelische Verankerung. So wächst seit über zehn Jahren die Zahl derer, die auf diese existentielle Frustration des sog. modernen Menschen hinweisen (u. a. Joseph Fabry, Viktor Frankl); denn die Sinnsuche wird nach ihnen unter den gesellschaftlichen Bedingungen von heute zunehmend frustriert. Dies sei die kollektive Neurose der Gegenwart, nämlich am sinnlosen Leben zu leiden (V. Frankl). Der Mensch sei demgegenüber aber ein um Sinn ringendes Wesen, ein Wesen auf der Suche nach Sinn. Der Mensch kann demzufolge nicht als Herr oder gar als Macher seines Lebenssinnes, d. h. als Quelle seines Daseins gelten. Er würde sich verfehlen; er orientierte sich am eigenen Produkt (Entwurf). Vielmehr muß er immer wieder wagen, von der eigenen Lebensmitte her die verschiedenen Dimensionen seines spannungsvollen Daseins zu vereinen und die einzelnen Lebensbereiche „auf eigenen Füßen" (auto-nom) zu gestalten.
Dem Sinn seines Lebens kann man sich in letzter Konsequenz nur „hingeben"; man „findet" ihn, wenn man ihn mit der ganzen Person empfängt bzw. sich schenken läßt. Der Verlust dieser Mitte verführt dazu, sich selbst neurotisch immer wieder aus dem Weg zu gehen oder Ersatz-Sinn zu „produzieren", was sich aber als kurzatmige „Lösungen" rächt und erschöpft. Und der Mensch verpaßt erst recht sich selbst. Verständlich wird von daher, worauf Karl Rahner hinzuweisen pflegte: daß wir Menschen nicht nur Fragen stellen, sondern die Frage schlechthin selber sind.

3.5 IST DENN NIEMAND DA, DER ANTWORT GIBT?

Auch wenn im politischen, sozialen, psychologischen und medizinischen Bereich für die Leidbekämpfung und Schmerzverminderung große Erfolge erlangt worden sind, die man nur dankbar anerkennen kann, so ist das Leid in seinen vielfältigen Formen im großen wie im kleinen eine ungeheure Wirklichkeit. Ob es um selbstverschuldetes oder schicksalhaftes Leiden, um Unglück oder Untat, um menschlichen Leichtsinn oder um Niedertracht und Boshaftigkeit geht, und wenn wir ehrlich uns selber nicht nur als Opfer ungerechter Umstände oder böser Machenschaften beweinen, sondern auch als Täter und Leidverursacher für andere wahrnehmen, um so bedrängender wird die Frage, ob denn jemand eine Antwort weiß auf die Frage nach dem Menschen und dem Sinn seines Daseins. Oder anders gefragt: Wenn es eine Sinn-Neurose des sog. modernen Menschen gibt (V. Frankl), wie müßte die Therapie aussehen? Wo sind die Sinn-Therapeuten zu finden? Etwa in globalen Gesellschaftstheorien, von denen die Gesellschaftstheoretiker inzwischen Abschied zu nehmen scheinen, oder in großartigen humanistischen Entwürfen? Etwa in den Religionen?
Erleben und „praktizieren" wir das Christentum bzw. unsere Kirchen im Bewußtsein dieser Fragen und der zunehmenden Menschheitssorgen? Wird die Kirche zum Impulsort für suchende und fragende Menschen? Erleben wir sie in solidarischer Mit-Sorge bei den brennenden Problemen dieser unserer Erde und beim Suchen vieler Menschen? Entspringen aus dem Raum und aus den Gemeinschaften der Kirche mutmachende Impulse für die Lösung anstehender Fragen? Ermutigt die Kirche die schöpferischen und lebensbejahenden Kräfte zu verantwortlichem Umgang mit den gewonnenen Fähigkeiten? Bringt die Kirche Experten für Menschlichkeit und Wegweiser für die Sinnsuche hervor? Wagen wir in der Kirche,

für Standpunkte und Verbindlichkeiten einzutreten, an denen die Sorge um die Menschen spürbar wird, auch wenn die entideologisierte Zivilisation (consumismo) die Unverbindlichkeit zur Norm erhoben hat? Schon diese wenigen Fragen erheben einen hohen Anspruch an die Kirche. Diesen gilt es in sein Recht einzusetzen, auch wenn man durchaus große Mühe mit dem gegenwärtigen Kurs der Großkirche hat und anderseits auch mit der zunehmend primitiv-polemischen Gehässigkeit gegenüber der Kirche in manchen Medien und in der Publizistik, die gereizt, hämisch und unkritisch-kritisch abrechnet.
Ein ehrlicher Blick auf die Situation der Kirche und vor allem auf ihre Geschichte – es muß im einzelnen weiß Gott nicht belegt werden – zeigt aber auch den wohlwollenden Betrachtern, daß die Kirche durch ihre Theologen und Amtsträger auch viel Leid über Menschen gebracht hat, sie zutiefst verletzt und menschlich vergiftet hat; dies ist um der Wahrheit willen zu sagen, auch wenn man weiß, daß dies nicht die volle Wahrheit ist. Können die heutigen Menschen mit den Vorstellungen von einer freiheitlichen, gerechten, gleichberechtigten und solidarischen Gesellschaft auf ihrer Suche nach einem Lebenskonzept bei der Kirche zur Schule gehen oder an ihrer institutionellen Selbstdarstellung ein lebendiges Plädoyer für Menschenrechte ablesen? Ist Gott nicht allzuoft als strafender Herr-Gott und gestrenger Richter verkündet worden, wodurch bei den Menschen Angst und Furcht allzuoft zur religiösen Zweitnatur wurden? Die Kirche, wie wir sie erleben und selber gestalten, kann nicht die Antwort sein, die uns „unbedingt" angeht!
Aber verkündet gerade diese oft allzu menschliche Kirche nicht doch die menschlichste Botschaft als Frohbotschaft, aus der heraus sie an die Menschen das befreiende und Hoffnung schenkende Wort weitergeben soll, das ihr von Jesus nach seiner Auferstehung zugesprochen worden ist: „Fürchtet euch nicht" (Mt 28, 10)?

4 Rechenschaft über die Hoffnung, die Christen bekennen

Was es mit der Botschaft, dem Weg und der Person Jesu von Nazaret auf sich hat

Ein Zugang zur skizzierten Frage ergibt sich m. E. weder über ein philosophisches Gottesverständnis noch über einen Gottesbeweis der Vernunft noch über das bei vielen Zeitgenossen und Zeitgenossinnen vorhandene Bild von Gott als Höherem Wesen oder einer diffusen Gewalt oder naturhaften Kraft. Woher nähme ich das Vertrauen, mich auf eine Theorie oder nebulöse Gottesvorstellung mit der ganzen Existenz und mit der ganzen Zukunft einzulassen? Gibt es für die Menschen und für den leidenden Menschen einen Verlaß, der selbst in Leid und Sterben nicht verläßt? Gibt es einen gelungenen „Modellfall" des Menschseins, der trotz aller Ambivalenzen des Lebens, trotz Leid, Scheitern und trotz Sterben „Leben in Fülle" erreicht und uns in Aussicht zu stellen vermag bzw. verheißt?
Die Ant-Wort des christlichen Glaubens ist nun eben keine Theorie und keine von außen kommende und unseren Verstand nur informierende Benachrichtigung. Ein so verstandenes Christentum könnte leicht zur Idee und Ideologie verblassen und zur sakralen Sonderwelt verkommen, die keinen Bezug zur Geschichte des Menschen und der Menschen fände; es trüge nicht mehr die Widmung Gottes an die Menschen (Mario von Galli).

4.1 DER MENSCH: DAS IN LIEBE GESCHAFFENE WESEN

Bevor wir uns auf die Person und die Botschaft Jesu besinnen, ist es gut, schöpfungstheologische Grundlagen in Erinnerung zu rufen. Immerhin hat Jesus des öftern auf das verwiesen, was „am Anfang" war, was am Anfang die Absicht Gottes, den Jesus seinen Vater nennt, gewesen ist.[10] Der Mensch ist in dieser Schöpfungssicht, ob er nun als Einzelperson verstanden wird oder als Gemeinschaft, begrenztes und aus grundloser Liebe geschaffenes Wesen Gottes. Damit ist schon ungeheuer viel und Entscheidendes ausgesagt. Der Mensch ist nicht nur das in seiner Hilflosigkeit angenommene Geschöpf, sondern das in seinem ursprünglichen Dasein in Liebe geschaffene Wesen. Um es salopp auszudrücken: Von Gott her, wie es sozusagen vom Anfang an (im tiefsten Wesen) gedacht ist, ist der Mensch gerade das Gegenteil eines Notfalls, eines Erbarmungswürdigen, eines Bettlers; vielmehr ist menschliche Existenz von Gott besorgtes und zugelebtes Dasein. Von seinem Ursprung („Natur") her ist demzufolge der Mensch das auf Gemeinschaft in Liebe ausgerichtete Wesen, das um seines Daseins willen – auf Tod und Leben – des Mitseins bedarf. Schon der alttestamentliche Name für Gott, „Jahwe", bringt das unmißverständlich zur Sprache: „Jahwe: Ich bin der für euch Daseiende, und ich werde der für euch Seiende sein in Ewigkeit" (vgl. Ex 3,14). Alfons Deissler übersetzt: „Ich bin da und werde dasein als dein helfender und heilvoller Gott, was auch geschehe."[11] In tiefster Konsequenz wird Liebe als göttlich-menschliche Lebensgemeinschaft mit Kategorien wie Recht auf Ansprüche, Gehorsam, Unter- oder Überordnung, Selbstbehauptung, Selbstverwirklichung usw. nicht mehr erfaßt. Liebe ist in diesem Schöpfungsverständnis mit Leben und Dasein identisch. So kennt der Liebende keine Instanz, vor der er Liebe einklagen könn-

te. Denn Liebe wird dadurch, das sie sich selber gibt und schenkt.
Eine letzte Eindeutigkeit dieser Schöpfungstheologie ist indes mit Jesus Christus eröffnet, denn in ihm ist die Liebe Gottes gleichsam in Person gekommen, nicht, um zu richten und harte Konsequenzen anzudrohen (vgl. Mk 9,31 – 33; 1 Kor 1,17 – 31), sondern weil er die Menschen trotz ihrer Taten und trotz angetaner und selbstverschuldeter Not und Verlassenheit bejaht und liebt, weil er mit ihnen Gemeinschaft pflegen, ihnen Bruder werden will und sie als sein Volk sammeln möchte. Der Name Jesus: Jeschua: „Jahwe ist Heil", enthält schon das Tiefste, was es mit der Botschaft, dem Weg und mit der Person Jesu von Nazaret auf sich hat.

4.2 DAS UNTERSCHEIDEND CHRISTLICHE: DAS ENTSCHEIDEND MENSCHLICHE

Wie schon erwähnt, ist der christliche Glaube an seiner Wurzel keine theologische Theorie oder eine den Realitäten des Lebens aufgesetzte und übergestülpte Sonderwelt, sondern die Botschaft und Kunde vom gelungenen Leben von unbegrenzter Fülle im Leben und in der Person Jesu von Nazaret. Jesus ist der zuverlässige Hinweis dafür, was es mit den Menschen von Gott her auf sich hat, woraufhin das Leben des Menschen aus ist, wo es herausspringt und wohin es zurück darf. Die Bedeutung des Christlichen liegt im tiefsten Kern eben in dem geschichtlichen Ereignis des Weges und der Botschaft Jesu. Sein Leben und Sterben sowie seine Verkündigung und sein Verhalten werden zum Prozeß des Offenbarwerdens dessen, was der Gott Jesu mit uns Menschen vorhat, die er als freie Partner und Partnerinnen ruft. Dieses Offenbarwerden wird zur Offenbarung über den Menschen selber.

Indem Jesus in der ganzen Widersprüchlichkeit und in der geschichtlichen Bruchstückhaftigkeit unseres Daseins uns Mit-Mensch und Bruder geworden ist, konnte er in Wort und Tat vermitteln und offenbaren, wer er ist und wohin wir in seiner Nachfolge unterwegs sind. Von Jesus von Nazaret her wird uns eine Freiheit eröffnet, die als Mensch jeweils einmalige und unübertragbare Existenz als ein vom Gott Jesu bejahtes Dasein anzunehmen. Mit Berufung auf ihn darf ich Hoffnung auf erfülltes Menschsein schöpfen.

Wenn Christen bekennend sagen, daß Jesu Tod und Auferstehung nicht Abschluß als Abbruch, sondern Aufschluß als Aufbruch zu neuem (erfüllten) Leben sei – ohne darüber vordergründig philosophieren zu wollen, worin denn nun die Qualität dieses neuen Lebens beschaffen sein mag –, dann wird damit die Verheißung einer fundamentalen Sinndimension angedeutet: nämlich, daß die Menschen die volle Verwirklichung ihres menschlichen Daseins als ihre eigene und als ihnen geschenkte Möglichkeit zur Vollendung – trotz Leid und Sterben, ja sogar durch diese Erfahrungen hindurch – erwarten und erhoffen dürfen. Diese Hoffnung ist so sehr mit dem Leben und mit der Person Jesu von Nazaret verbunden, daß sie keiner weiteren Sinnabstützung mehr bedarf: Der von Gott in sein Leben aufgenommene Jesus Christus ist – mit dem Blick des Glaubens gesehen – Antwort schlechthin auf die Frage nach dem Menschen.

In einer Kurzformel[12] können wir das Gesagte in etwa folgendermaßen ausdrücken. (Wir) Christen glauben: Gott, den Jesus seinen Vater nennt, hat in Jesus Christus zum Menschen in unwiderruflicher Treue und in radikaler Liebe ja gesagt ... und darin hat sich das Ja des Menschen zu Gott ermöglicht und erfüllt.

Mit Berufung auf Jesus Christus vertrauen wir darauf, daß vor Gott Jesus für uns eintritt, wo wir selber nicht mehr für uns einzutreten vermögen. Aus diesem Glauben heraus und in diesem Vertrauen hoffen wir darauf, daß im Leben der Menschheit und im Leben des einzelnen Menschen, durch das konkrete Leben und Sterben, durch die glücklichen und leidvollen Erfahrungen hindurch und trotz abgründiger Bosheit und trotz Schulderfahrungen ... sich schon ansagt und verheißt, was wir von Jesus Christus glauben: das Ja Gottes zu uns Menschen, das das Ja der Menschen zu Gott ermöglicht und vollendet.

Wenn Jesus von Nazaret Gottes Wort an die Menschen und die Ant-Wort der Menschen an Gott ist und dadurch zwischen seinem Gott und uns Menschen ein die menschliche Geschichte heilender, befreiender und sinnerfüllender Bund (Gemeinschaft) geschenkt und gestiftet wird, dann ist die Kurzformel „Jesus Christus" genau das, was Christen glaubend bekennen. Jesus stellt in Person und in seiner Liebe und Solidarität das unterscheidend Spezifische des christlichen Glaubens und Hoffens dar. Mit anderen Worten: In Jesus sind Tun und Sein, Handeln und Person unterschiedslos, d.h. identisch. Was er tut, das ist er; und er ist, was er tut.

Ist nun aber am Verhalten und an der Botschaft Jesu ablesbar und ableitbar, was wir von seiner Person glaubend sagen? Sind in seinem Tun Spuren dafür zu finden, daß wir aus dem Bekenntnis zu Jesus Christus Hoffnung auf heiles Menschsein schöpfen dürfen? Ist aus seinem Tun auf sein Wesen zu schließen?

4.3 JESU HEILENDES WIRKEN: BRUDER MIT UNS – BRUDER FÜR UNS

Im folgenden geht es um einige skizzenhafte Hinweise auf das Verhalten und die Verkündigung Jesu, wie sie in den Schriften des Neuen Testamentes zugänglich sind. Daraus ist für uns abzulesen und zu verstehen, was wir

bisher mehr formelhaft von Jesus Christus bedacht haben, daß er in Person für uns „Heil" bedeutet.
Aus den Begegnungen Jesu mit den Menschen mit höchst unterschiedlichen Lebenshintergründen, Lebensgeschichten und Lebensbedingungen wird überdeutlich, daß er alle Menschen ernst nimmt. Erinnert sei an die Ehebrecherin, an die Samariterin am Jakobsbrunnen, an den Zöllner, an Nikodemus, an Pilatus, an den reichen Jüngling, Maria und Martha, Lazarus. Er schweigt nur, wenn die Menschen mit ihm Hohn und Spott treiben und nicht ernstgemeinte Fragen stellen (vor dem Hohen Rat).
Im Verhalten Jesu den Menschen gegenüber verleiblicht sich sozusagen eine einzigartige Parteiergreifung für den Menschen, die aus seinem tiefen Gottesverhältnis fließt: „Ich bin gekommen, damit sie das Leben haben und damit sie es in Fülle haben" (Joh 10, 10).
Wenn wir die Haltung Jesu z. B. der Ehebrecherin (Joh 8, 1 – 11) oder Maria von Magdala gegenüber näherhin betrachten, dann fällt auf, wie in seinem Verhalten eine mutmachende und aufrichtende Hinwendung zu den Menschen schlechthin deutlich wird. Für die Gegner Jesu steht ja nicht der Mensch in der Mitte ihrer Sorge. Sie lauern den Menschen vielmehr auf, weil für sie Gott ein Herrscher ist, dessen Herrsein sich in einem belastenden Gesetz zeigt, in einer harten Gesetzestreue, in einer ängstlich zu befolgenden und bis in das einzelne Detail hinein geregelten und ritualisierten Religiosität. Dessen kontrollierendes Gesetz bedarf keiner Begründung, sondern ist strikte, ohne jegliche Rückfragen und bedenkenlos, d. h. ohne Anfragen an die Sinnhaftigkeit zu befolgen. Ist es da verwunderlich, daß sich die Menschen gegenüber einem solchen Gott als geknechtete Untertanen vorkamen, dem man mit Angst begegnete und der nie zufriedenzustellen war? Ist es da nicht mehr als verständlich, daß man einen solchen Gott durch viel Ritual und Opfer zu beschwichtigen suchte und ihn gnädig zu stimmen

trachtete, ihn sozusagen sich kaufen mußte? Demgegenüber geht es Jesus radikal (wurzelhaft) um die Menschen, um ihnen zu helfen, um ihnen Heilung, heiles Menschsein und befreites Selbstwertgefühl zu ermöglichen. Für ihn steht der Mensch im Mittelpunkt, nicht das Gesetz oder der Sabbat (vgl. Lk 6,1–5; Joh 8,1–11 etc.). Ihm geht es nicht primär um die Synagogenordnung oder irgendeine kirchlich-religiöse Disziplin. Er verurteilt nicht; vielmehr geht er auf die Menschen zu, um ihnen neues Leben zu schenken und Lebensmut und Lebenskraft zu eröffnen, indem sie auf- und ausbrechen aus dem, was sie niederhält: „Gehe hin und sündige von jetzt an nicht mehr" (Joh 8,11).
Die Haltung und das Verhalten Jesu den Menschen gegenüber ist ganz geprägt von seiner Kunde von einem „barmherzigen Vater", dessen „Herrschaft" sich als Reich Gottes in Friede, Freiheit und Gerechtigkeit ankündigt, von einem Gott, der den Menschen als freien Partner ruft und annimmt. In Jesus begegnet uns die Verkörperung dieser Partnerschaft. Und: Dieser Bund Gottes mit den Menschen verbindet die Menschen neu miteinander, läßt sie einander zu Schwestern und Brüdern werden, ändert die Qualität der Beziehungen unter den Menschen, deren ethische Höhe darin besteht: selbst den Gegner und den Feind zu lieben.
Aus dem Verhalten und der Handlungsweise Jesu, auch aus seiner Gesprächshaltung heraus, spricht ein beispielhaftes Ernstnehmen der Gleichheit bzw. der Brüderlichkeit und Schwesterlichkeit aller Menschen: Sünder, Zöllner, Kranke, Arme, Reiche (der reiche Jüngling), Mitglieder des Hohen Rates, selbst Pilatus (der doch ein Vertreter der Mächtigen war), Frauen und Männer, verschiedene Rassen (Samariterin beim Jakobsbrunnen) usw. Deshalb haben besonders die Armen und geplagten Menschen bei Jesus Hoffnung geschöpft und auf ihn besonders offen angesprochen.

Solches Verhalten und solche Botschaft waren und sind umstürzlerisch! In seinem Verhalten überwindet Jesus nämlich die ausgeklügelte Regie der Gesetzlichkeit in Ethik und Kult. Er sprengt die sakralisierten Formen der jüdischen Religiosität, die Gottes Handeln gleichsam an menschliche Riten und an von Menschen gesetzte Bedingungen binden wollen, die leicht zu Leistungsfrömmigkeit und damit zu einer religiösen Form des Habenwollens verführen. Dadurch befreit er die Menschen von den Zwängen pervertierender Religiosität und abergläubischer Scheu sowie sklavischer Unterwerfung. Gottes Liebe ist aber nicht durch Leistungsfrömmigkeit und durch erschöpfende Opferreligiosität zu erschleichen; wir müssen nicht krampfhaft Gott auf uns gnädig abrichten!
Dadurch, daß Jesus auf die Menschen so zugeht, ihnen allen Bruder wird und durch seine Botschaft vom gnädigen Vater alle Menschen Schwestern und Brüder werden ..., durchbricht er die Ordnung von arm und reich, von unten und oben, von Freund und Feind, Mann und Frau, von Gesetz und Gesetzlichkeit, von Schuldigen und Unschuldigen, von Klerus und Laien usw. (vgl. Gal 3,28). Er bringt die Ordnung und Grenzen, in denen wir Menschen uns immer wieder einrichten und uns gegenseitig abrichten, durcheinander, indem er auf das Entscheidende zugeht, was uns alle verbindet. Er geht hinter das Gesetz und schenkt in eigener Vollmacht Vergebung.
So erweist sich Jesu Handeln als heilendes Wirken, das Dämonen austreibt (heute: versklavende Vitalinteressen, Drogen, öffentliche Meinungen und Vorurteile, Konsumismus etc.) und gesundheitsschenkende Kräfte fördert, zu Leben erweckt, Blinden die Augen öffnet, die vergifteten Atmosphären entgiftet und zerbrochene Kommunikation aufweckt.
Aus seiner tiefen Verankerung in Gott wendet er sich gegen alle repressiven Erwartungen und gegen alle Formen seelischer Umweltverschmutzung (Ärgernisse). Sein

Zorn und seine Kritik richten sich gegen die Verhaltensweisen jener, die ihre Mitmenschen ideologischer, gesellschaftlicher, sozialer, nationaler sowie sexistischer, rassistischer und religiöser oder konfessioneller Vorurteile wegen verachten, abschreiben oder gar an den gesellschaftlichen Rand drücken wollen. Demgegenüber wendet er sich mit seinem ganzen Herzen *allen, jedem* Menschen zu. Er stellt den Menschen in die Mitte, den geschundenen, armen, isolierten, kranken, ratlosen, verstummten, schuldigen, den suchenden, den abgeschriebenen Menschen..., nicht um ihn bloßzustellen, sondern um neues Leben, neuen Sinn und damit neue Lebensfreude..., Befreiung und Lebenszuversicht zu ermöglichen. Umkehr ist somit zutiefst Hinkehr zu Jesus, Aufbruch und Auferstehen in seine Nachfolge.

4.4 TROTZ KARFREITAG NOCH BRUDER FÜR UNS?

Um es zu wiederholen: Das spezifisch Christliche ist keine schöngeistige Theorie noch eine rein spekulativ erdachte Utopie. Ebenso würde jener den Sinn des christlichen Glaubens zutiefst verpassen, der nur einen Herrlichkeits-Christus in einer weltabgewandten Gloriole verkünden würde!

Zur Realität seines Lebens gehört auch die schreckliche Leiderfahrung, das Kreuz. Die Menschen, denen Jesus Bruder und „Heiland" geworden ist, wollten mit ihm fertig werden... und machten ihn fertig. Er aber zeigte, wie es den Menschen ergeht, wenn sie in Gottes Hände fallen. Er erlebte aber auch, wie es dem Sohn Gottes ergeht, wenn er den Menschen in die Hände fällt.

Aber trotzdem dürfen wir beim Karfreitag, bei diesem schrecklichen Erlebnis des Menschen Jesus von Nazaret, nicht stehenbleiben. Die Treue zu seinem Vater und das

daraus fließende Engagement für uns Menschen kostete Jesus das Leben. Genügt es aber, im furchtbaren Karfreitagsgeschehen nur das tragische Scheitern des idealsten und vorbildlichsten Menschen oder den Zusammenbruch eines weltfremden Idealisten zu betrauern? Würden wir damit seiner Predigt, seinem Selbstverständnis, seiner Person gerecht? Hat nicht der verkündigende Jesus entscheidend das unmittelbar nach dem Karfreitagsgeschehen entstandene Verständnis vom verkündigten Christus geprägt? Jesu hat durch sein Handeln und durch seine Botschaft uns auch einen Zugang geschenkt und eröffnet zum Karfreitag, zu seinem Sterben und damit zum Sinn seines Lebens. Wir werden ihm und seiner Botschaft, die er selber ist, nicht gerecht, wenn wir nur den Karfreitag wahrnähmen und nicht das ganze Leben Jesu.
Das Leben Jesu und sein Sterben sind nicht vergeblich: Dies ist das Erregende der Osterbotschaft, die den erschreckenden Karfreitag miteinschließt, aber gerade das Geheimnis des Sterbens und des Todes Jesu in etwa auch aufbricht und erschließt. Jesus ist angenommen und aufgenommen in das Leben Gottes, in das Reich und Dasein dessen, den er seinen Vater nennt. Das ist auch der tiefste Sinn des Doppelnamens „Jesus Christus", der – wie schon angedeutet – die Kurzformel des Glaubens schlechthin genannt werden kann. Jesus ist ganz Sohn dieser Erde und der menschlichen Gesellschaft, aber auch unwiderruflich und bis in seinen innersten Kern hinein Sohn und „Wort" seines Vaters. In diesem Sinn führt er durch sich selbst hindurch unmittelbar zu Gott.
Indem er sich in die Verlorenheit, ja in die aussichtslose Vergeblichkeit des menschlichen Lebens und Sterbens hat hineinverschlingen lassen und in die innerste Verlassenheit eingedrungen ist, ist dort und darin alle Sinnlosigkeit und der Tod jedes Menschen gleichsam von innen her aufgebrochen und zum vollen Leben auferweckt worden.

Aber werden solche Hoffnungen nicht doch absolut in Frage gestellt und letztlich hinfällig, wenn wir an das Kreuz Jesu, an sein Scheitern und totales Zerbrechen am Verbrecherpfahl des Kreuzes und vor den Menschen denken? Ist all unser Reden von einer Osterhoffnung ein zwar menschlich rührender Versuch, etwas Unverdauliches doch noch verkraften zu können, zuletzt aber ein naives Unterfangen, weil bar aller Realität? Ist nicht unser Reden vom Sinn des Daseins und der Annahme des Menschen in Liebe durch Gott ein ohnmächtiges Aufbegehren gegen die Allmacht des Todes und den offenkundigen Schein der Wirklichkeit? Dann wäre all unser Reden ideologisches Geschwätz und Sprüchemacherei!
Durchkreuzt das Kreuz Jesu nicht seine Botschaft, seinen Lebensentwurf, seine Verheißungen und damit unsere auf ihn gesetzte Hoffnung? Denn soviel ist auch historisch gesichert: Jesu Eintreten vor den Menschen für Gott und sein Eintreten für das Reich Gottes und damit für befreites und geglücktes Menschsein kosteten ihn Ruf und Leben. Durchkreuzt somit diese Karfreitagserfahrung nicht doch den Sinn und die Zuverlässigkeit seiner Frohbotschaft?
Oder können und dürfen wir auch mit diesen Zweifeln und Fragen nochmals bei Jesus „zur Schule gehen" und bei ihm Hinweise erhalten?

5 Das Kreuz mit dem Kreuz Jesu

Zwischen absurder Utopie und begründeter Hoffnung

Es ist in der Tat ein Kreuz mit dem Kreuz Jesu, mit dem Geschehen am Karfreitag. Jesus, der uns die Kunde von einem barmherzigen, von einem mütterlichen und väterlichen Gott gebracht und vorgelebt hat, geht unter. Er hat am Karfreitag seines Lebens total verloren und ausgespielt. Die Gegner Jesu waren pfiffiger und geschickter. Sie haben ihr Opfer zur Strecke gebracht nach ihren Gesetzen, wonach Menschen zu sterben haben. Für sie hat sich der Justizmord gelohnt. Die Verhältnisse damals und auch heute sind eben leider so, daß lautere und heilende Menschen wie Jesus nicht zu den Siegern gehören. Waren damit seine Hoffnungen, Verheißungen, Visionen, seine Wunder und seine Worte auch auf der Verliererseite, als absurde Utopien gebrandmarkt? Ist Jesus also den Weg des Lebens gegangen? Ist das Kreuz letztlich zur Offenbarung einer unrettbaren Aussichtslosigkeit geworden und damit eines letzten Verfallenseins ins Leere alles Irdischen? Haben die Realisten nicht doch recht, die unser Vertrauen auf Jesus und seine Verheißungen als Wunschträume glauben entlarven zu müssen? Haben vielleicht doch jene recht, die mutmaßen, Christen verherrlichten das Kreuz und Leiden Jesu, um all das immense Leiden der Menschheit, das Böse durch Menschen und das unverschuldete Leid durchstehen und aushalten zu können? Ist es nicht wirklich grober Unfug und ein Zeichen für wenig sensible Diskretion, daß Christen und Christinnen eine Karfreitagsliturgie mit Kreuzesenthüllung und gar noch mit Kreuzverehrung gestalten? Wie können sie das Kreuz verehren? Dürfen sie das?

5.1 DIE VIELEN KREUZE VERHÜLLEN DAS EINE KREUZ JESU

Haben wir uns allzu harmlos an die vielen Kreuze gewöhnt, so daß wir den Blick für das Kreuz Jesu verloren haben? Decken die vielen Kreuze, mit denen wir uns eindecken, nicht das Kreuz Jesu mit dem schrecklichen Karfreitagsgeschehen zu? Nicht nur die Altäre und Kirchen kennen dieses Symbol unseres christlichen Glaubens, sondern auch unsere Wohnungen, Schulen und Gerichtsgebäude, Wegkreuzungen, Berggipfel, Gräber, unsere Wappen und Fahnen, sogar der Schmuck. Wir sind dadurch sozusagen mit dem Kreuz vertraut und heimisch geworden; wir haben es domestiziert. So stellt sich zweifelsohne die Frage, ob diese vielen Kreuze und das Symbol unseres Glaubens nicht doch das eigentliche Kreuz eher verhüllen als enthüllen.
Aber auch die vielen Kreuze im Alltag und in unserer Welt, die sich selbst aufgebürdeten und aufgenötigten Kreuze, die zugefügten und selbstverschuldeten Leiden können vom Kreuz Jesu ablenken und wegführen. Der Tod hat eh und je Hochkonjunktur; heute wird er sogar per Bildschirm tausendfach frei Haus geliefert. Er lagert in Atombunkern und Waffenarsenalen und schlägt auf den verschiedenen Straßen des Lebens planlos und unversehens zu. Er schleicht sich – und das gehört zu seiner täglichen Routine – oft unbeachtet in abgelegene Krankenzimmer... Trotzdem: Nicht nur die Angst vor dem globalen Tod, sondern auch das eigene Sterben wird verdrängt. Bei alledem ist es einfach nicht wahr, daß Not nur Beten lehrt. Not lehrt auch fluchen und ver-führt zur Verzweiflung und Selbstaufgabe.
Und auch heute bestimmen uns bewußt oder weniger bewußt Attitüden, Verhaltensweisen und Vorstellungsordnungen, nach denen Menschen innerlich und äußerlich sterben müssen. In vielen offenen und versteckten For-

men des Umgangs mit anderen und mit uns selber lautet auch heute die Lösung: Wir haben Gesetze und nach denen müssen Menschen sterben! Es gibt das Recht des Stärkeren, die Häme und das Ausgrenzen, die Ökonomisierung praktisch fast aller Lebensbereiche (weniger fein ausgedrückt: Es geht um das „liebe Geld"), vielfache Benach-Teiligung. Ist es da nicht verständlich, wenn Zeitgenossen darüber den Kopf schütteln, daß Christen und Christinnen bekennen: „Im Kreuz ist Heil"?
Nicht weniger leiden Menschen in unserem Alltag: die in zermürbender Ehe leben, keine Arbeit finden und keine Wohnung, in Erbschaftsstreitereien unversöhnlich fertiggemacht werden, an der Langeweile des Lebens zu erstikken drohen, die vereinsamt und alleingelassen am Leben verzweifeln, ihrem Leben selber ein Ende bereiten, die Demütigungen verschämt in sich hineinfressen, die eigene Schuld und Schuldgefühle kaum mehr aushalten, die an Depressionen, d.h. an zernagenden Lebensverstimmungen zu zerbrechen drohen, die keine Hoffnung mehr haben und dem eigenen ungelebten Leben nachtrauern ...
Angesichts der Menschheitsgeschichte, die im großen und kleinen zahllose Karfreitagserfahrungen beinhaltet, können wir uns unmöglich auf eine Verherrlichung des Kreuzes oder gar auf eine Mystifizierung des Leidens einlassen! Das unsägliche Leid der Menschen und das Kreuz Jesu sind nicht zu beschönigen. Aus sich ergeben sie keinen Sinn und geben keine Antwort darauf, warum sie sind. Vielmehr wird verständlich, daß die vielen Kreuze, mit denen wir uns umgeben, und die vielen erlittenen und zugefügten Leiderfahrungen vom gekreuzigten Jesus ablenken und wegführen können.
Ja, wir können in vielen Formen die Freiheit verpassen und vertun. Leid und Krankheit, selbst Versagen und Scheitern als „Realitäten" des Lebens und des menschlichen Daseins zu verarbeiten, ja sogar als Erfahrungen anzunehmen, durch die hindurch wir am Leben reifen

und ein bewußteres Verhältnis auch zur dunklen Lebenswirklichkeit finden können. Immerhin kann man am Widerstand der Realitäten auch „erstarken", sich selber klären und menschlich gewinnen. Nur in diesem, also indirekten Sinn können wir dem Leid sozusagen einen „Sinn" geben, indem es zum Anlaß wird, aus der Gedankenlosigkeit des Alltagstrotts aufzuwachen und uns menschlich zu entfalten, vielleicht auch von uns selber etwas weniger erpreßbar zu werden und freier, aber auch sensibler für fremdes Leid.[13]

5.2 KREUZ-ENTHÜLLUNG: BLICK AUF DEN GEKREUZIGTEN JESUS

Karfreitage und Kreuze sind und bleiben Tatsachen des Lebens, die nicht zynisch zu verniedlichen oder magisch zu übertönen sind. Wesentlich scheint nun, in all den Lebenserfahrungen der Menschen mit ihren auch leidvollen Formen den Blick nicht auf das *Kreuz* Jesu zu fixieren – das ein unentwirrbares Ärgernis bleibt, sondern den Blick auf den gekreuzigten *Jesus* zu richten. Entscheidend ist m. E., nicht beim Kreuz selbst stehen- und haftenzubleiben, sondern vom Kreuz zum Gekreuzigten aufzubrechen und uns vom Blick Jesu einholen zu lassen, ihn an uns heran-, in uns hineinzulassen.
Damit wird nicht das Kreuz als sinnvoll erklärt. Es ist keineswegs bloß ein Rätsel, das gelöst und dadurch aufgehoben wird, sondern ein Geheimnis, das sich für das gläubige Auge nicht enträtseln läßt, sondern durch die Begegnung erst tiefer zum Geheimnis führt. Auch wenn das Kreuz nicht als „in sich selbst voll der Bedeutung" eingeschätzt werden kann, so ist doch Halt zu suchen beim Gekreuzigten. Das Vertrauen wird nicht ins Kreuz gesetzt, sondern radikal in den Gekreuzigten.

Die eigentliche Kreuzenthüllung unseres Lebens wird sein, daß wir in all den Nöten, Leid- und Grenzerfahrungen – oft als Opfer und Täter in einem – und bei den aufkreuzenden Kreuzeserfahrungen unseres Lebens nicht stehenbleiben und uns in sie verhärten und verlieren, sondern alle diese Kreuze auf den Gekreuzigten hin enthüllen.

Man muß hier innehalten und sich bewußt sein, wie leicht so etwas – im Vergleich zum konkreten Ernstfall – geschrieben oder gesagt wird. Aber es geht darum, trotz der eigenen kümmerlichen Verwirklichung eine Lebensperspektive sozusagen ins Recht einzusetzen, auch wenn man ihr gegenüber Schuldner bleibt; zudem berufen wir uns für eine solche Perspektive der Hoffnung nicht auf Autoritäten, sondern auf jenen, der die unüberwindliche Verlassenheit im Leiden und Sterben selber zuinnerst durchlitten hat. Damit wird weiß Gott nicht das Leid weggewischt oder billiger Trost angeboten. Kreuzenthüllung bedeutet viel mehr, selbst schmerzvolle und zermürbende Ereignisse und Erfahrungen auf Jesus und auf seine Botschaft von einem die Menschen bejahenden und zu vollem Lebendigsein rufenden Gott auszurichten. Nur dann, wirklich nur dann, ist Kreuzverehrung sinnvoll: wenn nicht das Kreuz verehrt wird, sondern der Gekreuzigte! Nur auf den Gekreuzigten hin enthüllte Kreuze sind zu verehren. Sinnvoll ist somit nicht das Kreuz, sondern die Abkehr von allem, was Leid und Kreuz verursacht, als Hinkehr zum gekreuzigten Jesus und seiner Botschaft. Kreuzesnachfolge bedeutet somit nichts weniger als Umkehr zu Jesus als praktische Schritte in seiner Nachfolge. Schon an den Menschen unter dem Kreuz wird offenbar, wie unterschiedlich sich Menschen gegenüber dem Kreuz Jesus verhalten, wie sie beim Ärgernis des Kreuzes zum Stehen kommen oder weitergehen zu Jesus – je nachdem, ob man nur das Kreuz sieht oder aber den gekreuzigten Jesus.

Die beiden Schächer, die mit Jesus gekreuzigt worden sind, zeigen schon die ganze Spannbreite dessen an, wie Menschen auf den Karfreitag reagieren können, wie sie sich zum Kreuz Jesu verhalten und zuletzt auch zum leidenden Menschen. (Ähnlich ist diese Spannbreite auch bei den Verrätern Judas und Petrus zu betrachten, wobei Judas von seiner Tat und Schuld nicht mehr loskam und Petrus es sich schenkte, vom Blick Jesu erreicht zu werden.)

Einer der mit Jesus gekreuzigten Schächer reiht sich in die Runde der Spötter und hämisch grinsenden Gegner Jesu ein. Er sieht vermutlich nur noch das totale „Aus“ und Ende und wird darob zynisch: „Wenn du der bist, den du vorgibst zu sein ..., dann zeige doch, was du kannst und steige herunter, zeige etwas von deinen Zauberkünsten und hilf dir selbst und uns ...“. Jesus selbst wird hier nicht ernstgenommen oder erkannt. Der Schächer bleibt an der Aussichtslosigkeit seines Kreuzes und des Kreuzes Jesu hängen. Dem Zugang zum Gekreuzigten steht verzweifelte Ironie im Wege. Das Kreuz und die Leiderfahrung werden gegen den mitgekreuzigten Jesus ausgespielt.

Der andere Schächer leidet auch. Er bleibt aber nicht beim Ärgernis und beim Fluch des Kreuzes, bei diesem fürchterlichen Hinrichtungsinstrument, stehen oder bei seiner Schuld. Statt dessen bricht er in seinem Herzen auf und damit aus den dunklen Kammern seiner Schuld und seines Kreuzes: zu Jesus, zum Gekreuzigten. Und das Kreuz Jesu verhindert nicht, daß er sich zu Jesus hinkehrt: „Uns geschieht recht..., dieser hingegen hat nichts Unrechtes getan“ (Lk 23,41). Und dann setzt er ganz auf den mitgekreuzigten Jesus: „Jesus, denk an mich..“ (Lk 23,42). Im Unterschied zum anderen Schächer spielt er seine Leiderfahrung und das Kreuz nicht gegen Jesus aus. Vielmehr setzt er sein ganzes Vertrauen auf Jesus und macht Jesus zum Anwalt, zum Hoffnungsträger gegen das Kreuz und gegen seine eigene Schuld und Leiderfahrung. Er kann zwar damit sein Kreuz nicht umgehen oder abschütteln. Aber er findet durch sein Kreuz hindurch Jesus ... und gewinnt damit alles: „Ich sage dir: Heute noch wirst du mit mir im Paradies sein" (Lk 23,43).

Das ist es, worauf es auf Tod und Leben ankommt: mit Jesus sein. Davon soll das *Kreuz* Jesu nicht ablenken, aber auch nicht die Leid- und Schulderfahrungen unseres Lebens. Auch uns wird das Schwere und oft Zermürbende nicht weggenommen. Auch uns wird nicht geschenkt, durch das Kreuz hindurchzugehen. Aber es gilt, dies nicht zur Versuchung werden zu lassen, bei sich selbst stehenzubleiben und die Kreuze des Lebens als Anklage oder Ironie gegen Jesus und seine Botschaft auszuspielen.

Aber ist unsere Hoffnung auf Jesus so begründet? Hatte nicht auch Jesus sein Kreuz mit dem Kreuz? Hat etwa Jesus sein Kreuz bejaht? Hat er sich nicht viel mehr bis zum Ende gegen das Sterben gewehrt? „Vieles, auch in der Abendmahlstradition, deutet darauf hin, daß er an das Kommen Gottes und seines Königtums noch vor seinem Tod geglaubt hat."[14] Wie können wir unsere entscheidende Karte auf Jesus setzen, wenn er selbst mit Gott, den er seinen Vater nannte, gerungen hat – bis in die letzten Sekunden seines irdischen Lebens? Hat nicht Jesus als Mensch und mit seiner Frohbotschaft vom Reiche Gottes in Frieden, Gerechtigkeit und Liebe total ausgespielt und verloren? Muß es dann aber nicht als „verrückt" erscheinen, wenn wir Jesus und unseren Glauben an ihn gegen die Kreuze unseres Lebens und gegen die scheinbare Allmacht des Todes sozusagen als Trumphkarte einsetzen wollen? Ist und bleibt es nicht doch ein Kreuz mit dem Karfreitag und dem Kreuz Jesu?

5.3 „MEIN GOTT ..., WARUM HAST DU MICH VERLASSEN?“

Jesus ist nichts geschenkt worden an sterbenselender Not. Am Karfreitag widerfährt ihm beschämende Entblößung, Demütigung, Erniedrigung in der Kriminellenhinrichtung, Niederlage, Mißerfolg, totales Scheitern – vor den Menschen. Karfreitag bedeutet für ihn Sterbens- und Todesangst in abgrundtiefer Verlassenheit und in der Absetzungsbewegung seiner früheren Gefolgschaft: außer einiger tapferer Frauen. Seine Freunde laufen weg, selbst der „Fels“ und die anderen späteren „Säulen“ der Kirche. Seine Feinde können ihn lächerlich machen und auf seine Kosten grinsen. Jegliche schützende Zuflucht bleibt verwehrt.

Sein Weg zum Hinrichtungsplatz führt zuerst über den Ölberg, wo alles in Krise gerät und Angst sich seiner bemächtigt: „Da ergriff ihn Furcht und Angst, und er sagte zu ihnen: Ich bin zu Tode betrübt“ (Mk 14,33f). In dieser Bitternis ringt er mit Gott, wartet auf eine Antwort von ihm und hofft darauf, daß er tröstend entgegenkomme und sich helfend zeige: „Abba, Vater, dir ist alles möglich. Nimm diesen Kelch von mir!“ (Mk 14,36). Aber Gott kommt nicht und schweigt. Könnte man gegen ihn nicht einwenden, er sei hart? Gott greift nicht ein. Jesus indessen ringt um den „Willen Gottes“, läßt sich auf Gott ein: „Aber nicht, was ich will, sondern was du willst, soll geschehen“ (Mk 14,36). Und die Geschichte nimmt ihren ihn und die Menschen beschämenden Lauf. Jesus fällt Menschen in die Hände, ohne daß Gott, auf den er alles gesetzt hat und zu dem er in Getsemani gebettelt und seine Angst geweint hat, ein Zeichen setzt und seine Macht zugunsten seines Sohnes einsetzt.

Zu seiner letzten Not als Mensch und vor den Menschen kommt die Not vor und mit Gott: das zerstörerische, verzweifelnde und demoralisierende Gefühl der Gottverlassenheit. Ja, Gott scheint sich geradezu abzuwenden ... – kann es für den so gottverbundenen Jesus einen größeren Schmerz geben? Bis in die Tiefe seines Daseins ist er heimgesucht, von Verzweiflung versucht und aller noch verbliebenen Möglichkeiten, sich selbst zu behaupten und sich zu rechtfertigen und damit für sich selbst Ehre einzulegen, beraubt. Alle seine Wunder, seine Botschaft vom Reiche Gottes, sein Beten zum Vater, sein Eintreten bei Gott für die Menschen, selbst sein Eintreten für seine Feinde (Lk 23,34: „... vergib ihnen, denn sie wissen nicht, was sie tun"), sein Werben bei den Menschen für Gott drohen in einem tragischen Umsonst zu landen. Vergeblich erscheinen nun seine Predigt vom kommenden Reich Gottes und wirkungslos sein Ruf zur Umkehr und in seine Nachfolge. Seine Botschaft und sein Wirken sowie seine Zeichen und heilenden Taten, die die Menschen so ermutigten und aufrichteten... sie verlieren ihre letzte Bestätigung. Durchkreuzt das Kreuz nicht auch seine Botschaft von einem Gott, der den Menschen in Liebe nahesein will und „Leben in Fülle" (Joh 10,10) verheißen, d. h. in Aussicht gestellt hat? Das abgrundtiefe Loch ist ohne rettendes Netz!

Nachdem Jesus wußte, wofür er lebte, weiß er nun angesichts dieses Sterbens und dieser Gottverlassenheit noch, wofür zu sterben? Muß dieser Abgrund des Absurden nicht nach menschlichem Ermessen zu zersetzenden Selbstzweifeln und gar zur Selbstaufgabe führen, zur Verzweiflung, in der man sich selbst wegwirft und aufgibt?

So darf man auch fragen, ob es nach menschlichem Ermessen nicht sozusagen auf der Hand lag, daß Jesus diesen totalen Zusammenbruch am Kreuz, daß er sein Kreuz gegen sein Leben, gegen seine Wunder und Heilungen, gegen seine Botschaft und gegen seinen Glauben, ja, letztlich gegen seinen Gott ausspielte.

Könnte es jetzt nicht auch die Versuchung Jesu gewesen sein, bei seinem Leiden stehen- und an seinem Kreuz

hängenzubleiben, sich verbittert in sein auswegloses Sterben zu verhärmen, an den harten und unbarmherzigen Realitäten des Lebens zu zerbrechen? Hätte es nicht eine erdrückende Anfechtung Jesu sein können, an Gott zu verzweifeln, an der unbelohnten Treue zynisch zu werden und der verlorenen Treue Gottes in unermeßlicher Enttäuschung nachzutrauern? Hätte es nicht nahegelegen, den Glauben an sich und an Gott zu verlieren, fluchend zu verzweifeln, sich selbst zu verlieren und aufzugeben, weil er sich aufgegeben erlebt und glaubt? Denn immerhin war in den Schriften zu lesen, daß ein „Gehenkter ein von Gott Verfluchter" ist (Dtn 21,23). Also Gott sogar gegen Jesus aufbieten? Wir würden uns vermutlich erpressen lassen zu denken: „Wenn du mir nicht hilfst, dann gebe ich Dich auf. Zeige und beweise mir nun, daß es dich gibt ... Wenn du mich enttäuschst, dann habe ich mich in dir getäuscht ..."
Und nun ist – erregend und ergreifend zugleich – *das Entscheidende* zu berichten: Jesus spielte seine Verlorenheit und sein Scheitern am Kreuz nicht gegen Gott aus. Er durchlitt sein Kreuz mit der gleichen Konsequenz (und aus der gleichen Verankerung), mit der er gelebt und gewirkt hatte, und ging in diesem Sinn den Weg durch das Kreuz, durch sein Leiden und Sterben hindurch. So ist sein letzter Aufschrei: „Mein Gott, mein Gott, warum hast du mich verlassen" (Mt 27,46) keine Aufkündigung der Treue, sondern Anrufung und Hingabe an Gott, der gerade nicht als fraglich angerufen wird, sondern dem er in letzter sterbenselender Not und bodenloser Verlassenheit alles überläßt, den er für sich eintreten läßt, wo er für sich von sich her keine Chancen mehr erkennt. In tiefster Gottesverlassenheit werden Liebe und Treue nicht aufgekündigt, sondern läßt sich Jesus fallen, gibt er sich dem unvorstellbar aufnehmenden Gott hin, läßt er nun Gott im wahrsten Sinn des Wortes sich als Gott der Liebe erweisen.

Das Kreuz und die Karfreitagserfahrungen wurden Jesus nicht geschenkt und abgenommen. Gott hat sich nicht gemeldet; er ist schweigsam geblieben. Daran läßt Jesu Karfreitag keinen Zweifel. Wenn man so sagen darf, ist die entscheidende Frage nicht, ob und daß Jesus gelitten hat, sondern wie er seine Passion durchlebte. Jesus lieferte sich trotz Kreuz und Scheitern dem aus, auf den hin er gelebt, den er geliebt, zu dem er in tiefen Nächten gebetet und auf den er alles gesetzt und von dem her er sich selber ganz verstand. In diesem Sinn ist sein Sterben Hingabe an das Du Gottes und ein Durch-Leben des Kreuzes und seiner Sterbenserfahrung. Damit sind das Kreuz und Leiden auch jetzt nicht für sinnvoll erklärt oder gar abgeschafft! Aber selbst Kreuzeserfahrungen sind in Jesus auf Gott hin enthüllt und auf ihn hin eröffnet worden. Jesus ist nicht beim Leiden stehengeblieben, beim Kreuz. Er ist durch sie hindurchgegangen.

Damit sind Kreuz und Tod nicht das allerletzte Wort. Jesus hat Gott, seinen Vater, gegen das Kreuz und Leiden aufgerufen und damit gegen die Tagesordnung des Leidens und des Sterbens. Er hat das Kreuz durchbrochen. Es ist nicht das letzte Wort. Jetzt schlägt die Geschichte um: Ostern bricht an. Es beginnt nun bekennendes Reden, denn der Vorhang unserer menschlichen Vorstellungskraft zerreißt!

5.4 BEKENNENDES ZEUGNIS AUS ERFAHRUNG: JESUS LEBT

Ostern liegt auf einer anderen Ebene als das Karfreitagsgeschehen, dem wir – soweit uns die neutestamentlichen Schriften mitnehmen – bis in die letzte Entäußerung folgen können. Im Reich des Todes und im Abgrund des Sterbens hält Jesus schreiend noch an Gott fest, auch wenn dieser ihn nicht vor dem Tode rettet. Und Gott sagt kein uns vernehmbares Wort – aber Er handelt. Er ist da! Im Zeugnis für den auferweckten, d. h. in das Leben Gottes aufgenommenen Jesus Christus fand dann die Erfahrung der Frauen und der Jünger, daß Jesus lebt, ihren bekenntnishaften Ausdruck. Den Frauen wurde am Ostermorgen beim Grabe bedeutet, Jesus nicht bei den Toten zu suchen, also nicht bei den nicht umzukehrenden und scheinbar endgültig abgeschlossenen Realitäten des Lebens stehenzubleiben. Immer wieder lautet der Refrain: „Habt keine Angst! Fürchtet euch nicht, Jesus lebt!" Darin liegt die Offenbarung, daß der Gott Jesu ihn nicht im Grabe und im Tode beläßt, sondern dem sterbenden und toten Jesus die Treue hält und zu ihm steht, ihn in sein Reich und in sein Leben auferstehen läßt. Damit ist dem Leben Jesu und seinem Wirken, seinem Weg und seiner Person, seinem Wort und seiner Botschaft – trotz Scheitern, Kreuz und Karfreitag – Gültigkeit verliehen. Jesus wird von Gott beglaubigt. In und durch Jesus wird zur authentischen Offenbarung, daß der Gott Jesu ein Gott der Menschen sein will und sich radikal auf die Seite der Menschen schlägt – mit all der Last, die die Menschen sich selbst aufbürden oder ihnen zugemutet wird und ist.

Der Prozeß Jesu wird nun neu aufgerollt und beginnt von vorne, aber diesmal nicht mit den Vorzeichen, die wir Menschen setzen, sondern mit den Vorzeichen eines barmherzigen Gottes, dessen Sohn als Ant-Wort an die Menschen gekommen ist, damit wir „das Leben haben und es in Fülle haben" (Joh 10,10). In diesem Sinn führt Jesus durch sich selbst hindurch – und durch sein Leben und Sterben hindurch – zu Gott. Er ist nicht nur in die letzte Abgründigkeit menschlicher Erfahrungen eingedrungen, sondern hat alle Sinnlosigkeit und den Tod gleichsam aufgebrochen und dem Leben geöffnet. Das will doch besagen, daß Tod und Sterben nicht das letzte

Verdikt über Sinn oder Unsinn des Menschen sprechen, sondern daß den Menschen trotz Sterben und trotz Schuld und vergeblichen Bemühens, trotz absurder Anfechtungen und Bodenlosigkeiten im Alltag zugesprochen wird, daß es sich lohnt, Mensch zu sein, daß jeder Mensch – vom Gott Jesu her – bejaht und geliebt ist. Nun zeigt sich, was es mit dem Gott Jesu und von ihm her mit den Menschen auf sich hat. In Jesus gibt sich Gott den Menschen preis. Wir dürfen das für uns erwarten und erhoffen, was wir vom auferstandenen Jesus Christus bekennen: Gott vollendet unser Dasein in des Lebens unbegrenzter Fülle und öffnet damit die Freiheit, alle anderen Menschen zu erkennen und um ihretwillen zu bejahen (lieben).

Karfreitag und Ostern zusammen bedeuten dem gläubig vertrauenden Blick: Im Abbruch des irdischen Lebens Jesu und im Kreuzesgeschehen ereignet sich der Durchbruch und Aufbruch zu neuem erfülltem Leben. Zwar dauert der Karfreitag der Menschheit noch an. Kreuz, Leid, Schuldigwerden und unerträgliche bis abartige Boshaftigkeit sind leider Wirklichkeit. Alles Wegreden und Wegsehen hilft nicht und heilt noch weniger! Aber, vom gekreuzigten und in das Leben Gottes auferweckten Jesus her gilt: Unsere Leiden und unsere Schuld, die erlittenen und zugefügten Schmerzen, unsere Lebenswege, unsere Kreuzeserfahrungen bis hin zum Sterben – so absurd und sinnlos sie im einzelnen sind und scheinen – sind keine absolut gescheiterten, keine verdammten Wege mehr; denn die Menschen, auch die leidenden und sterbenden, sind bis in die Tiefe ihres Daseins bejaht, angenommen und mit der Liebe Gottes beschenkt, der treu bleibt.

Entscheidend ist von Jesus Christus her, nicht verkrampft und hoffnungslos sich aufgebend bei den vielen Kreuzen stehenzubleiben, sondern weg von den Hinrichtungsstätten und Gräbern unserer Hoffnung zu Jesus aufzubrechen, zu dem, der lebt. Das wäre Kreuz-Enthüllung in der Gewohnheit des Alltags und in der erdrückenden Wucht der Weltprobleme. Auch für unser Leben und Sterben gilt: Nicht unsere Wirklichkeit und unsere Bedingungen gegen Gott ausspielen, sondern im Vertrauen auf Jesus Christus gegen den Augenschein und die Macht unserer Wünsche, unseres Denkens und unserer Vorstellungswelt alles auf Gott zu setzen.

Wenn die Christen und Christinnen sich auf einen solchen Gott im Vertrauen auf den Weg und die Botschaft Jesu berufen, der Leben in Fülle im Reiche Gottes verheißen hat, dann stellt sich die Frage, wie wir eine solche Lebenshoffnung für uns und für die Mitmenschen in vielen kleinen Schritten „auferstehen" und erfahrbar werden lassen. Denn Ostern wäre wohl mißverstanden, wenn wir vergäßen, daß der Karfreitag der Menschheit im großen und kleinen unendlich viele Kreuze aufrichtet und Menschen zum Sterben verurteilt.

„Wenn uns einer fragt ..., zeig uns deinen Gott!, dann müßten wir antworten: Sieh unseren Gottesdienst und unser Leben, wie wir uns um Menschen mühen, wie wir mit Konflikten umgehen, mit eigener und fremder Schuld, wie wir nicht ruhen angesichts der Ungerechtigkeit in der Welt, wie wir Frieden zu stiften versuchen ..., sieh, wie wir sterben, dann weißt du, wer unser Gott ist" (Ferdinand Kerstiens). Der Glaube an Jesus Christus ist untrennbar verbunden mit dem Ruf in seine Nachfolge, unter den Bedingungen unserer (auch leidvollen) Zeit. Unter diesem Preisniveau ist Christsein nicht als Ernstfall zu betrachten. Sonst sind die Menschen wohl kaum bereit, uns das stotternde Wort vom Glauben an den auferstandenen Jesus abzunehmen.

6 Kleine „Auferstehungs-Schritte" als Hoffnungspraxis

Der Geist Gottes erweist sich als Störenfried für alle Grabesruhe

Der Karfreitag der Menschheit dauert an. Im Hinblick auf das Karfreitagsgeschehen und Ostern werden wir zu einem nüchternen Realismus angehalten. Wir werden aber auch ermahnt, nicht einem vordergründigen Realismus auf den Leim zu gehen und das Leben – auch in seinen leidvollen Formen – nur als Tücke der Natur, als zufälliges blindes Schicksal zu deuten oder es in einer letztlich zermürbenden Vergeblichkeit all unseres Erlebens und Erleidens sowie unserer Glückserfahrungen ins Bodenlose zerrinnen zu lassen. Vielmehr ist das Leben und die Geschichte der Menschen nicht nur vom Tode gezeichnet, sondern von Ostern her auch von der Hoffnung. Die „Ereignisse" um Jesus und sein Weg tragen in sich die Offenbarung, daß sein Gott kein weltferner, jenseitsentrückter und am Diesseits uninteressierter Gott ist, der sich gleichsam in unberührter Unschuld und Selbstgenügsamkeit zu uns Menschen und zur Welt auf Distanz hält, sondern ein Gott, der uns in unserem Dasein mit seinen Licht- und Schattenseiten entgegenkommt. In unsere erdverhaftete Menschlichkeit wird den Menschen das aufrichtende, aber auch provozierende Wort zugesprochen: „Fürchtet euch nicht!"
Das Vertrauen auf Jesu Weg und der Glaube an seine Botschaft, die er in Person ist, sind somit keine Rück-Schau und kein Rück-Blick auf ein längst vergangenes histori-

sches Ereignis, sondern die Voraus-Schau und der hoffende Aus-Blick in unsere eigene und gemeinsame Lebenszeit und Zukunft. In der jeweiligen Gegenwart ist die Frage aufgeworfen und die Dienstanweisung an die Christinnen und Christen angemahnt, diese Botschaft Jesu als die menschlichste Kunde erfahrbar werden zu lassen; sie will in der Mitte unserer Herzen und bei der Gestaltung des persönlichen und gesellschaftlichen Lebens in vielen kleinen und größeren Schritten „auferstehen". Bevor wir uns auf einige eher praktische Überlegungen einlassen, gehen wir nochmals zurück in die Stunden zwischen Karfreitag und Ostern.

6.1 „WAS SUCHT IHR DEN, DER LEBT, BEI DEN TOTEN?"

Als Jesus gestorben war, kam eine Finsternis über das ganze Land (Lk 23,44). Mit dem Unruhestifter ist man fertig geworden, weil man ihn ein und für allemal fertiggemacht hat. Wieder einmal haben die Realitäten gesiegt und die „echten" Machtverhältnisse gewonnen. Die Schlauen und Superklugen, die schon immer alles früher merkten, haben sich noch rechtzeitig abgesetzt, seine Jünger haben sich unter dem Schock der Ereignisse zerstreut. Mit Jesu Tod und Beerdigung versanken auch ihre Hoffnungen und Wünsche im Grabe, sind Erwartungen plötzlich Träume von gestern geworden.
Finsternis hat sich auch in ihrem Gemüt ausgebreitet. Allerdings blieben auch, vor allem wenn man an die Frauen denkt, Verehrung und dankbare Erinnerung zurück, echte und tiefe Trauer. Aber auch diese – man weiß das – sterben auf die Dauer und verlieren sich in unauffindbaren Gräbern. Nun blieb gar nichts anderes mehr übrig, als mit Salben und Spezereien den Geruch

der Verwesung zu bannen. Es half nun in der Tat kein Aufbäumen mehr gegen die gnadenlose Härte der Ereignisse. Gegen die Vernichtung und Verwesung gab es keine Chance; übrig blieb somit nur pietätvolle Totenpflege. *Dafür* suchte man Jesus im Grabe, bei den Toten!

Menschlich gesehen verrät sich m. E. in den Schilderungen des Ablaufs am Grabe Jesu eine ungemein rührende Haltung: Einige Frauen wollen dem hingerichteten Jesus über seinen Tod hinaus etwas Letztes, etwas Liebes tun. Aber mit ihrer Liebe tragen sie leider auch ihre Hoffnungen zum Grabe. „Realistisch" blieben nur noch: einbalsamieren und den Toten pietätvoll in Ruhe lassen. Aber mitten in diese Welt der wahrlich harten Fakten und unentrinnbaren Realitäten, mitten in die Trauer über die versunkenen Hoffnungen und über den herben Verlust, mitten in die Finsternis des Lebens und in die Nacht des Todes erreicht die menschlich so tapferen Frauen die Botschaft: „Was sucht ihr den, der lebt, bei den Toten? Er ist nicht hier, er ist auferweckt worden" (vgl. Lk 24, 5; Mt 28, 6; Mk 16, 6).

Das Grab ist leer. Jesus ist nicht in den Totenkammern und bei den Toten zu suchen. Er lebt. Also ist er nicht einzubalsamieren; Totenpflege ergibt keinen Sinn mehr. Das heißt: weg vom Grab, weg vom Tod und Totgeglaubten, weg vom Leichnam – hin zu dem, der lebt, zum auferweckten Jesus.

Wie das geschehen ist, das bleibt auch in den Berichten des neuen Testamentes verhüllt. Theologen haben zwar immer wieder versucht, sich diesbezüglich ins Licht zu setzen – oft indiskret gegenüber dem Geheimnis, das sich eben nicht wie ein Rätsel ent-rätseln läßt, sondern nur noch tiefer in sich einführt. Aber die Wirkung von Ostern ist mit Händen zu greifen. Der Gott Jesu erweist sich als ein Gott der Lebenden, nicht der Toten. Seither sind Christen und Christinnen „Ostermarschierer" – und zwar ein Leben lang!

6.2 „WER WÄLZT UNS DEN STEIN VOM GRABE?"

Wenn die Grundbewegung christlicher Hoffnung vom Tod und vom Grab wegführt, dann steht jedes Zurückwollen in die Gräber und Grüfte im Widerspruch dazu. Im privaten und öffentlichen Lebensbereich, auch im gesellschaftlichen und übernationalen Zusammenleben und sicher auch in den Kirchen, gibt es aber vielfache Formen, die nicht dem Leben und Lebendigsein dienen, sondern wie Einbalsamieren, Grablegungen und sorgfältige Hege von Gräbern wirken und wirksam sind.
Bleiben wir im privaten Alltag und im Verhalten zu uns persönlich und zu anderen nicht doch lieber in den Gräbern der Abhängigkeiten und lieber Gewohnheiten, in gedankenlosem Konsum, in unbeweglicher Sattheit und nicht zu störender Mattigkeit des Herzens? Sind nicht viele Haßgefühle, egoistische Rechthabereien, Erbstreitereien mit ihren lebenslang unversöhnten Zerwürfnissen, rücksichtslose eigene Interessen und so viele Ängste um sich selbst „Gesetze", nach denen wir und andere gnadenlos sterben – auch den Tod in kleinen Raten und oft über den Weg stets neu aufgerissener Verletzungen? Und das hat mit Leiden zu tun – meist mit von Menschen verursachten und verschuldeten Leiden und Schmerzen, die es zu vermeiden oder zu heilen gilt.
Intoleranz und viele Vorurteile zwischen Menschen, zwischen Mann und Frau sowie zwischen Frau und Mann, zwischen jung und alt, zwischen Schichten und Klassen, zwischen Einheimischen und Fremden, aber auch die Sprachlosigkeit zwischen Ehepartnern und gar manche seelisch unappetitlichen Zumutungen in Beziehungen ... sie nehmen sich aus wie gegenseitige Grablegungen! Und wie oft können befangene und engstirnige Denkweisen, festgefahrene Meinungen, Rollenklischees und Standesdünkel sowie ängstliche Befangenheit dazu führen, sich selber und anderen die Chance zu nehmen, sich aus die-

sen Gräbern aufzurichten und daraus „aufzuerstehen". Balsamieren wir nicht allzu oft andere so ein, wie wir sie haben und gebrauchen wollen? Sie sollen ja nicht aus den verordneten Totenkammern heraustreten!
Mit solchen Hinweisen soll nicht die Fülle der Leidensursachen eingeholt werden, sondern vielmehr konkret aufgezeigt werden, wie vielfach Leiden als Karfreitagserfahrung mit unserem Alltagsverhalten zu tun haben kann, aber auch, wie konkret Hoffnungspraxis als Verhinderung von Leid und Kampf gegen die Leidquellen bei uns Ernstfall und Herausforderung sind. Aber es gibt nicht nur selbstgezimmerte Kreuze und verschuldetes Leid, sondern die unübersehbaren Leidursachen, die wir hilflos Zufall und Schicksal nennen. Davon war schon in früheren Ausführungen die Rede, als die gesellschaftlichen und individuellen, die körperlichen und seelischen sowie geistigen Nöte und Probleme angesprochen wurden.
Die Frage ist: Wie gehen wir damit um, auch wenn wir wie Jesus unter der Last zusammenbrechen oder wenn uns wie Simon von Cyrene zugemutet wird, ein aufgenötigtes Kreuz mitzutragen. Auch an unverdaubarer Schuld und an unerfüllten Wünschen kann man menschlich verbluten. Manche Menschen vertrocknen und verlöschen in den Gräbern ihrer beerdigten Hoffnungen und ersticken an der Langeweile und Sinnlosigkeit ihres Lebens. Und wieviele Kräfte werden aufgesogen, weil Mauern um uns und zwischen uns gebaut und aufgerichtet werden, Menschen sich in autoritären oder dogmatischen Ideologien verhärten, sich in Ämter-Rollen wie Korsetts abstützen, viel Phantasie auf Masken und Lebenslügen verwenden. Wieviel Energie wird oft darauf verwendet, sich nur als Opfer und nicht auch gleichzeitig als Täter(-in) wahrzunehmen; auf diese Weise reift indes kein Verhältnis zu sich und zur Mitwelt. So lernt man nicht, Freiheit in Anspruch zu nehmen oder zu gewähren. Und so bleibt vielfach die bange Frage, wer den Stein von solchen Gräbern

wegwälzt und wer bereit ist, aus den eigenen Gräbern auszubrechen, und anderen zur Chance wird, aus solchen Grüften ins Leben zu treten.
Auch in der Glaubensbiographie können sich solche Gräber einfinden. Wie viele erstarren im Glauben, vielleicht durch Schicksalsschläge oder infolge von Enttäuschungen mit der Kirche hart geworden? Wie oft verdunstet jesuanisches, christliches Bewußtsein? Wird der persönliche Glaube nicht sozusagen auch zu Grabe getragen, wenn man partout an früheren Glaubenstraditionen starr festhalten will oder an bestimmten Formen der kirchlichen Struktur oder an fundamentalistischen Sätzen? Gottes Liebe und Gottes Wirken sind gerade nicht an solche Vor-Bedingungen festgebunden, sondern wollen zum Leben befreien! Der Geist Gottes, den Jesus uns eröffnet hat, stört alle Versuchungen zu religiösen und kirchlichen Verhärtungen. Ihn soll man nicht kanalisieren wollen, denn er erweist sich als Störenfried für alle Grabesruhe.
Wenn der ganze Aufwand von Kirche, Seelsorge, Verkündigung, Gottesdienst und Lehre nicht zur Einladung und zum Weg für diese Hoffnung wird, dann müßte sich jeder Christ in der Tat fragen, ob dies letztlich nicht pietätvolle Totenpflege sei und ob denn jemand da sei, der den Stein vom Grab wegwälzt! Dies geschieht und schenkt sich, wenn wir eine solche Hoffnung spendende Botschaft in Wort und Tat zum eigenen Anliegen – in vielen „Auferstehungsschritten" – werden lassen und mit den Menschen unterwegs sind, auch wenn noch Karfreitag ist.

6.3 „WIR SOLLEN EINANDER LIEBEN"

So läßt uns bei der Frage, was denn Christen und Christinnen zum Leid sagen können, eine entscheidende Herausforderung nicht los, nämlich was wir zur Verhinderung von Leid und zu dessen Überwindung tatsächlich, wirksam tun. Die sich stellende Aufgabe ist dort einzulösen und anzunehmen, wo Leid überwindbar ist, aber auch dort, wo Leid unaufhebbar ist. Erst wenn wir uns auf solche Dienstanweisungen einlassen, wird an den Tag kommen, wo wir an die Grenzen der Leidüberwindung geraten; nicht vorher! Zudem enden unsere Möglichkeiten keineswegs dort, wo Katastrophen unzähliges Leid hervorrufen oder eine Krankheit medizinisch unheilbar ist.

Wo Menschen sich nicht alleingelassen erleben, Verständnis erfahren, verzeihen können oder ein verzeihendes Wort zugesprochen erhalten, wo Zuwendung und liebe Pflege geschieht, da kann Leid wenigstens in Teilen erleichtert oder gar behoben werden. Gerade ganzheitliche Konzepte in Medizin, Psychologie, Pädagogik oder Theologie geben eine Ahnung davon, wie sich die Situation von kranken und leidenden Menschen dadurch ändern und „verbessern" läßt, wenn selbst eine „unheilbare" Not ihren Ort in Beziehungen zu andern und zu sich selbst finden kann. Wieviel Befreiung und Entkrampfung sowie Erlösung aus Furcht und Angst kann geschehen, wenn Sprechen durch Hören und Zuhören und durch geduldiges Eingehen möglich wird?

Vielen Menschen verschlägt es die Sprache. Sie werden von sich oder von anderen her sprachlos und dämmern in den Grabhöhlen ihrer Verlassenheit und Einsamkeit, bis vielleicht eines Tages der Leidensdruck zur Befreiung aus solchem Alleingelassensein führt. Die Sprache und das Gehör dafür zu finden kann bedeuten, Steine von den verschlossenen Gräbern wegzuwälzen.

Die Antwort auf die Leidensproblematik ist somit mit einer spekulativen Theologie nicht erfüllt. Vielmehr weist sie in Richtung des Handelns im Geiste Jesu und der konkreten Nachfolge in seinen Fuß-Spuren. „Wir sollen einander lieben" (1 Joh 3, 11).

Dabei sind keine Erfahrungen der Not auszuschließen; die konkreten Leid- und Noterfahrungen des einzelnen Menschen wie auch der gesellschaftlichen Welt werden zu Herausforderungen, sozusagen zu Dienstanweisungen Gottes an diejenigen, die sich auf den Lebensentwurf Jesu berufen und damit auf die durch ihn ermutigten Lebensmöglichkeiten.
Wenn eine solche Lebensperspektive in Hoffnung Christen und Christinnen beseelt, dann müßten gerade sie zu den mutigsten und waghalsigsten Menschen gehören, die bis an den Rand der Vernunft und des Verantwortbaren gehen, wenn immer Menschsein bedroht, gefährdet und behindert ist und wenn es um die Probleme der Innenarchitektur der Welt geht!
Es käme einem Verrat gleich, wenn gerade Christinnen und Christen ängstliche und vorsichtige Zeitgenossen wären – und ohne Humor. Demgegenüber möchte die erlebte und gelebte Hoffnung fruchtbar werden, indem wir im konkreten Alltag Jesu Praxis als heilender Bruder (als „Heiland") zum Maß-Stab unseres Versuchens, Wagens und solidarischen Handelns werden lassen. Einige konkrete Hinweise können vielleicht verdeutlichen, wo solche „Gottes Dienstanweisungen" zum Kreuztragen, zur Kreuzabnahme, zur Kreuzverhinderung nötig und möglich und wo Felsbrocken von den Gräbern wegzuwälzen sind.

- *Individuelle Solidarität und Diakonie*

Im folgenden geht es nicht um Analysen und Patentrezepte, sondern um Stichworte, die den Horizont angeben für das helfende, solidarische und heilende Handeln, zu dem Christen und Christinnen mit allen Menschen guten Willens berufen und aufgerufen sind. Es gibt, wie vielfach bewußt, Not und Probleme mit persönlichem Leid; dem entspräche eine *individuelle* Solidarität bzw. *Diakonie*.

Unser Blick ist heute für viele gesellschaftliche Probleme geschärft. Aber leicht übersieht man die vielfache Not des subjektiven Versagens oder des Scheiterns eines sog. erfüllten Lebens. Sie haben mit der individuellen Geschichte und mit der geistig-leiblichen Verfassung des einzelnen Menschen zu tun. Diakonie in diesem Feld kann über die Hilfe zur Selbsthilfe oder als unterstützende, ja sogar als betreuende Hilfe gefordert sein. In der Literatur spricht man leicht von „Gruppen am Rande der Leistungsgesellschaft". Aber, was verbirgt sich dahinter? Konkret gilt die Aufmerksamkeit den körperlich und geistig Behinderten, was z.B. die Ermöglichung einer Berufsausbildung, Arbeitsplatzbeschaffung, Annahme durch die Umwelt usw. betrifft. Des weiteren geben zunehmend alternde und betagte Menschen Probleme auf. Welche Fülle an Schicksalen und Leid verbergen sich hinter den Stichworten Krankheit, Unfall, Sterben. Medizinisch-technisch und fürsorgerisch sowie versicherungsmäßig wird ohne Zweifel viel getan. Aber ist Kranksein nur Organdefekt oder Funktionsstörung? Ist Kranksein nicht auch menschliche Daseinssituation, die den heute leistungsverpflichteten Menschen meist völlig unvorbereitet trifft, so daß sich daraus sehr oft auch eine existentielle Krise ergibt, auch dann, wenn die Krankheit heilbar ist? Mit welchen Ängsten, Auflehnungen, Demütigungen und schwer aggressiven und depressiven Phasen muß der kranke oder sterbende Mensch – oft ganz einsam, allein gelassen und hilflos ausgeliefert – fertig zu werden versuchen? Zu denken ist auch an jene, die psychisch an den Rand des Lebenwollens geraten, die sich nichts zutrauen, an ihrer seelischen Kraft verzweifeln oder mit ihrer Triebnatur nicht mehr zu Rande kommen (obwohl sie manchmal auch tapfere „Sieger" gewesen sind). Wie steht es um die durch einen Unfall plötzlich körperlich beschädigten Menschen, die ihr Lebenskonzept korrigieren oder ganz aufgeben müssen?

Nicht unterschlagen dürfen wir die straffällig gewordenen Menschen, die aufgrund eigenen oder fremden Versagens, aufgrund von Blockaden oder durch Isolation von der Umwelt an sich selbst oder an ihrer Zukunft und an ihren Beziehungen irre zu werden drohen. Sie werden oft hochempfindlich oder verfallen dumpfer Resignation.

- *Politische Diakonie*

Es gibt aber nicht nur die individuelle Not, sondern auch das strukturell bedingte Leiden am institutionellen System unserer menschlichen Gesellschaft. Dem entspräche eine christliche Solidaritätspraxis in der Form einer *politischen Diakonie*.

Die Situation muß notgedrungen widersprüchlich erscheinen, denn die Institutionen (Staat, Schulen, Ehe, Sport, Medien, Justiz, Wirtschaft, Militär, Kirche ...) sind vielfach beargwöhnt, obwohl von ihnen auch viel erwartet wird. Zudem erscheint – durch die Vermittlung der Medien – die Welt ein solcher Problemhaufen zu sein, daß man sich aus der Welt der Systeme besser zurückzieht, die Öffentlichkeit einigen Aktivisten oder Optimisten überläßt, sich persönlich aber überschaubare Nischen freihält.

Früher konnte man sich eher noch vor den Problemen der Welt schützen und eine „heile Welt" schaffen. Die Probleme der heutigen Zeit sind aber so global und auch so bewußt, daß alle „im gleichen Boot" sitzen und sich nicht dispensieren oder davonmachen können. Ob es nun um die Wirtschaftsordnung mit ihren für Millionen nachweislich katastrophalen Auswirkungen geht, um Militärblöcke, um Rassismus, Sexismus oder auch um die Unterdrückung der Religons- und Gewissensfreiheit, Flüchtlingsprobleme ..., sie werden weltweit wahrgenommen und sind politische Fragen für die ganze Welt, weil alles eng vernetzt und gegenseitig verwoben ist. Dabei sind die Lasten und Kosten ungerecht verteilt.

Hier ist ohne Zweifel auch eine Dienstanweisung an die Christen und Christinnen gegeben – in der Form einer politischen Diakonie, selbst wenn man Diffamierung, Widerspruch und hämische Kommentare riskiert. Auch in diesen Bereichen wird die Erfahrung nicht geschenkt, daß Argumente und Anliegen keine Kraft entwickeln dürfen, wo Rendite-Interessen und Vorurteile dagegenstehen. Individuelle und tröstende Diakonie, so sehr sie auch nötig sind, genügen in diesem Zusammenhang nicht. Zudem ist an jene tapferen Frauen und Männer in der Dritten Welt zu erinnern, die angesichts dieser Menschheits-Sorgen sogar ihr Leben riskieren.

- *Präventive, prophetische Diakonie*

In diesem Kontext ist auch die Zukunft der Menschen zur Not und Herausforderung geworden. Die Schöpfung selbst seufzt und „bangt" um ihre Zukunft. Dem entspräche nicht nur eine politische, sondern eine vorauseilende, warnende *präventive, prophetische Diakonie*. Der Friede und die Freiheit der Zukunft werden aufs Spiel gesetzt, wenn der Lebensraum der Menschen eingeengt und die Lebensbedingungen für künftige Generationen wegverplant und unwiderruflich verbraucht werden. Friedenssicherung und Sorge um die Schöpfung, die das Haus unserer Erde bewohnbar erhalten möchten, bedürfen des Engagements und des vereinten Einsatzes vieler Menschen. Ein Biogarten allein genügt nicht. Die Dienstpflicht der Christen und Christinnen ist umfassender gefordert. Der weltweite konziliare Prozeß für „Frieden und Gerechtigkeit", wie er an Pfingsten 1989 in Basel eindrucksvoll sich Gehör zu schaffen versuchte, ist m. E. ein Beispiel für solche präventive Diakonie. Friedensbewegungen oder Gruppierungen, die sich für ein ökologisches Bewußtsein einsetzen, könnten Orte präventiver Diakonie sein. Formen solcher Diakonie können durchaus prophetische Anklage oder gewaltfreier Widerstand sein.

- *Soziale Diakonie*

Ein weiteres Gebiet der Herausforderungen ergibt sich auf dem Feld der Kommunikation und der Beziehungsebene. Seitens der Christinnen und Christen bzw. der Kirche(n) entspräche dem eine *soziale Diakonie* oder Solidaritätspraxis. Auch dieser Bereich ist im Detail schwer zu skizzieren. Trotz der Informationsfülle und trotz der medienorientierten Weltläufigkeit der Durchschnittseuropäer, ja selbst angesichts der unübersehbaren Bildungsangebote und Beratungsmöglichkeiten in Berufs-, Erziehungs-, Ehe- und Lebensfragen wachsen doch Vereinsamung, neue Formen der Beziehungsarmut, Alleingelassensein, Haß, Vorurteile und Abgeschobenwerden. Es ist nicht zu übersehen, daß in den Familien, von Mann zu Frau sowie von Frau zu Mann, im Berufsleben, zwischen Meinungslagern, Parteien und Interessengruppen, aber auch wieder in und zwischen den Kirchen traurig viel und zum Teil infam aufgerüstet wird, so daß Menschen und Gruppen miteinander unversöhnlich todfeind sind. Viele Menschen leiden am Mangel an persönlicher, emotioneller Zuwendung. Ob nicht dadurch auch der Zustrom zu den Jugendreligionen und Sekten verursacht ist?

In diesem unübersehbaren Feld für vertrauensbildende Maßnahmen, für Verständigungsbereitschaft und Offenheit einzutreten sowie Spannungen auszuhalten, die ja oft nicht aufzuheben sind, braucht viel Energie. Manche Probleme zwischen den Menschen beruhen ja nicht auf bösem Willen oder Dummheit, sondern sind vielmehr eine Frage der seelischen Kraft, des mangelnden Selbstvertrauens oder demoralisierender Angst. Aber gerade hier sind viele Wunder der Verständigung und des Abbaus von Angst möglich. Sie geschehen im Alltag ja wirklich auch, wenn zwischen den Menschen abgerüstet und aufgerichtet wird durch die Bereitschaft, zu verstehen, zu vermitteln, zu hören, zuzuhören und zu überhören, erreichbar zu sein und bereit, sich selbst ins Spiel zu bringen. Aber auch das hilft nicht immer. Dann kann Höflichkeit wenigstens noch eine letzte Chance oder Bastion sein für Menschlichkeit.

- *Kulturelle Diakonie*

Hinter diesen genannten Problemen verbirgt sich auch die Frage nach dem Sinn des Daseins und den Werten des Lebens, nach dem Menschenbild und den Vorstellungen, wie Gemeinschaft ermöglicht und was das menschliche Dasein letztlich lebenswert und sinnvoll macht. Das große Problem vieler Menschen kreist doch um Über-Leben, um Hoffnung und Lebens-Mut. Ob es nicht auch mit den Fragen um den Sinn des Daseins zusammenhängen mag, daß manche Menschen in unserer Experten-Zivilisation („funktionale Intelligenz“) an den Rand der Perspektivenlosigkeit geraten oder an der Langeweile des Lebens zu verhungern und zu verdursten drohen?
In diesen Bereichen ist eine *kulturelle Diakonie* gefragt. Dabei ist nicht zu übersehen, daß trotz der uns heute viel bewußter gewordenen Herausforderungen der Welt die Leit-Vorstellungen des menschlichen Miteinanders großartig sind. Die Wachheit ist gewachsen für die Probleme und ihre Ursachen. Gewachsen sind die Vorstellungen für eine gerechtere und befriedetere Welt, die Ideale von Toleranz und Selbstentfaltung, die Freiheit wagt, aber auch Freiheit gewährt und schützt. Das wache Gespür für die Gleichwertigkeit aller Menschen hat zugenommen, ebenso für helfende und entlastende Solidarität. In letzter Konsequenz sind damit großartige Intuitionen und Hoffnungen angesprochen, die an ihrer Wurzel christlich sind und die unsere Phantasie von einem gelingenden Leben und einem echt menschlichen Miteinander prägen.

- *Religiöse Diakonie*

Mit solchen Suchbewegungen, Ängsten, Leidursachen und Mangelgefühlen der Menschen kann auch die Frage

nach Gott und nach der Gottesbeziehung erwachen oder einhergehen. An dieser Frage können wir nicht vorbei, wenn wir von Hoffnungen der Menschen reden und wenn Christen eine Hoffnung für uns Menschen bekennend verkünden. So mündet das, was wir mit kultureller Diakonie zu umschreiben versucht haben, zu guter Letzt und in ganzheitlicher Sicht in eine *religiöse Diakonie*.
Zutiefst geht es dabei darum, angesichts der Sinnkrise und der faktischen Unterschlagung eines ganzheitlichen Menschenbildes (d. h. des unterschlagenen menschlich Ganzen) das Thema der christlichen Hoffnung zu wagen und Rechenschaft über die Hoffnung abzulegen. Zudem ist der Erfahrungsreichtum der kirchlichen Binnenstruktur und ihrer Geschichte im gesamtgesellschaftlichen Bewußtsein weithin abhanden gekommen. Perspektivenlosigkeit – Leben ohne Hoffnung – ist wie eine Art geistige und religiöse Arbeitslosigkeit, bei der man dauernd um sich selber kreist und leicht wehleidig wird. Natürlich kann einseitige und übertriebene Religiosität krank machen. Aber auch religiös Gleichgültige oder „Abständige" sind in Gefahr, „neurotisch zu werden, weil ihnen der wahre Sinn des Lebens fremd bleibt und sie deshalb Schlupflöcher in diesem Dilemma suchen" (Balthasar Gareis).
Religiöse Diakonie hat sich diesen Brüchen zu stellen, denn sie sind durchaus auch eine Verarmung. Allerdings muß sie auch die Ursachen dafür nüchtern wahrnehmen und trotzdem den „Mehrwert" der christlichen Überlieferung und Mystik schöpferisch und einladend in Dienst stellen und dafür zu Diensten stehen.

6.4 DIE LETZTE NOT PERFEKTER LÖSUNGSWÜNSCHE UND ANTWORTEN

Es ist eine Binsenwahrheit, daß von sich aus kein Mensch gerne leidet, es sei denn, er zieht daraus irgendeinen Vorteil oder geistliche Dividenden im Sinne einer tröstenden Verdienst- und Opferreligiosität. Aber im Blick auf Jesu heilendes Handeln wird offenkundig, daß es ein irreführendes Verständnis von Kreuzesfrömmigkeit wäre, wenn die Menschen in seiner Nachfolge ohne Phantasie und im Handeln gegen die Leidesursachen und Leidensgeschichten gelähmte Wesen wären. Kreuzesnachfolge bedeutet nicht, uns daran zu hindern, die Aufgaben, die vor uns liegen, aufzugreifen und uns selbst einzubringen bei der Überwindung der Leben zerstörenden „Gesetze" und Verhaltensweisen. Aber uns ist auch nicht aufgetragen, den Himmel auf Erden herbeizuzwingen!
Vielmehr werden alle notwendigen und not-wendenden Initiativen und Aufbruchsversuche von Menschen – auch bei lauterster Absicht und mit intelligentesten Methoden – an ihre Grenzen stoßen. Damit sind sie alles andere als sinnlos, denn alle abwartende Passivität gegenüber den Herausforderungen der Menschheit wäre eine aktive Form der Feigheit gegenüber den Anliegen. Aber wichtig ist nun zu beachten, daß (nur) durch den Weg und die Botschaft Jesu radikal zu Gesicht gekommen ist, in welchem Ausmaß menschliches Dasein gefährdet, verletzt, zerbrechlich (bruch-stück-haft) ist und letztlich Geburt und Tod, Leben und Sterben, Gelingen und Scheitern unlösbar zusammengehören. Es gelingt den Menschen nicht, sich in diesem Leben vollends zu beheimaten. Im Kontrast zur radikalen Schöpfungsintention der Liebe Gottes erwacht diese Bruchstückhaftigkeit der Welt und des Menschen erst recht zum Bewußtsein.
Es wurde somit durch Jesus von Nazaret offen-bar, was es eigentlich um die Not des Elends menschlicher Existenz

ist, welch innere Not sich in der Not der Armut, der Bedürftigkeit, der Selbstzweifel, der Opfer- und Täterexistenz, der Beziehungslosigkeit und Ungerechtigkeit, der religiösen Hungersnot usw. in der Welt verbirgt. Eben diese Grundnot unserer Nöte, Probleme und Leidensgeschichten ist es, die Jesus Christus „aufdeckt", nicht um bloßzulegen und bloßzustellen, sondern um daraus zu befreien. Daraus ergeben sich für unsere Frage „befreiende" Aspekte. Was immer an Not, Elend, Haß und Mißgunst, an Leid und Tod in der Welt und unter uns Menschen ist und quält: Es stammt nicht ursprünglich und erblich von Gott. Es stammt damit auch nicht schlechthin aus dem Wesen dessen, was wir Mensch und Welt nennen, sondern aus dem, was unbeschönigt in der Bibel mit Sünde bezeichnet wird. Menschliches Leid bis hin zum Sterben fließen *nicht* aus dem Willen und aus der Absicht der Schöpfergottes. Vielmehr verunstalten menschliche sowie von Menschen verantwortete strukturelle Schuld und kreatürliches Leid das, was das Wesen des Menschen und der Schöpfung ausmacht. Sie sind in ihrem un-menschlichen Un-Wesen nicht auf Gott zurückzuführen. Das heißt für das praktische Handeln, daß man sich mit der Not und den in der Geschichte immer wieder aufbrechenden Unheilsgeschichten nicht in fatalistischer Weise abfinden darf oder sie wie eine Zuchtrute Gottes passiv entgegennimmt.

Das ist die eine Seite. Auf der anderen Seite kann uns ein solches Welt- und Menschenverständnis bzw. eine solche theologische Sicht der „Schöpfung" auch wieder warnen, und zwar vor nichts geringerem als vor naiven Lösungsversuchen von menschlicher Not und Begrenzung. Angesichts des gewachsenen Bewußtseins für die ungeheure Fülle menschlicher Leiderfahrungen und ihrer Ursachen ist zwar verständlich, daß man sie in perfekten Lösungs- und Hilfemodellen zu verdauen und zu verringern sucht. Und nicht zuletzt die Art und Weise, wie wir mit den „Er-

folgen" der Natur- und Humanwissenschaften umgehen, verführen uns zu perfekten Lösungsaussichten. Die Therapien und Heilungsmethoden sind lösungsorientiert, scheinen Heilung zu „versprechen" und erweisen sich oft doch nur als der Austausch von besseren Krücken; aber das ist schon viel und schmerzlindernd. Mancher politische Einsatz verspricht das Paradies ... und dann zeigt sich, daß vermutlich nur eine Barrikade weggeräumt worden ist; aber auch das kann schon viel bedeuten.
Dem Sog auf perfekte Lösungen hin mit dem Vertrauen in technischen Fortschritt und in professionelle Hilfe und Institutionen usw. sind auch die kirchlichen Caritasinstitutionen und Hilfswerke ausgeliefert. Enttäuschungen und Versagen können diesbezüglich dann aufgearbeitet werden und in kleine heilende Schritte münden, wenn die Perfektion der Mittel und Wege und das absolute Vertrauen in die Professionalität der Fachleute und damit die Kriterien des Erfolges in einer umfassenderen Gesamtorientierung korrigiert werden. Dann können sich Heilungs- und Erwartungsdruck auf das Mögliche hin relativieren und weg von der Technik auf den leidenden Menschen beziehen.
Und noch ein Weiteres ist zu sagen, auch wenn unsere Sprache damit stotternd an ihre Grenze gelangt: Der Weg, der zur Überwindung der letzten Unheimlichkeit menschlicher Existenz und der inneren Not der Nöte (sagen wir „Erbsünde") geführt hat, geht nicht am Karfreitag vorbei, sondern durch den Karfreitag hindurch; es ist der Weg des Kreuzes. Damit bekommt Kreuzesnachfolge nicht nur den Sinn des Aufstandes gegen die vernichtende Gewalt der Kreuze und Leiden, sondern auch – wo diese nicht mehr zu verhindern und zu vermeiden sind – der Annahme des Leidens. Der Weg Jesu ist auch der Weg des Kreuzes, der Annahme und nicht der Absage an dieses Leid.[15] Darf man nicht doch sagen: Die Verheißung auf heiles Menschsein im Reiche Gottes durch Jesus Christus

bedeutet nicht schon, daß Elend, Armut, Schuld und Boshaftigkeit sowie Sterben beiseitegeschoben und abgeschafft würden? Vielmehr will es auch bedeuten, daß durch das an sich nie Erstrebenswerte und anscheinend Sinnlose *hindurch* und trotz der Ärgernisse zum *ganzen* Menschen ja gesagt ist und im Vertrauen auf Jesus Christus heile Zukunft in ganzheitlicher Erfüllung verheißen wird. Durch die kreatürliche und widersprüchliche Wirklichkeit sagt sich an, was wir erhoffen: erfülltes Leben als empfangende und sich schenkende Liebe.

Vielleicht ist ohnehin das Tiefste über den Menschen ausgesagt, wenn wir ihn verstehen als das zur empfangenden Hingabe (Liebe) fähige Wesen. Damit ist kein untertäniger Gestus gemeint, bei dem der schwache und passive Mensch ausgeliefertes Objekt und Opfer eines Stärkeren ist. Das Gegenteil ist damit angezeigt, nämlich der Mensch, der sich gerade als freies Subjekt auf das Du hin öffnet, von dem unbegrenztes und erfülltes Dasein in Aussicht gestellt ist, indem der Mensch gerade nicht sein begrenztes Dasein gegen Gott, sondern Gott gegen den Augenschein unserer begrenzten und kümmerlichen Möglichkeiten ausspielt. Und je mehr der Mensch er selber wird und prozeßhaft seine eigene Geschichte wagt, um so freier und seiner „mächtig" (eigen-mächtiger) kann er sich hingeben und sich auf die erfüllende Erlösung durch den Gott Jesu einlassen. Es ist seine ureigenst subjektive und persönliche Tat. „Fegefeuer" könnte dann der schmerzliche Prozeß sein, in dessen Verlauf ich die entfremdenden Abhängigkeiten und Fremdbestimmungen sowie die verkrampfenden und selbstbehaupterischen Eigenmächtigkeiten und Verhärtungen löse und lockere, um immer mehr meiner selbst „mächtig" frei zu werden und mich freizugeben für mich und die anderen und letztlich für das Du, das wir Gott nennen. So gesehen, ist „Fegefeuer" ein lebenslanger Prozeß.

Das ist in keiner Weise spiritualistisch mißzuverstehen.

Im Gegenteil, all diese Erfahrungen rufen und schreien nach Heilung, Erlösung, Befreiung, nach radikaler Versöhnungspraxis. Die letzte innere Not aller Nöte bleibt wirksam und folgenschwer, auch wenn die vielen Formen der Nöte und Leiden teilweise aufhebbar sind. So darf – mit den Augen des Glaubens gesehen – verantwortlich formuliert werden: Gott will nicht Leid und Schuld; wohl aber ist seine Liebe in Jesus Christus angesagt und aufgezeigt für jeden Menschen; für jeden Menschen, der leidet, der in Schuld verstrickt ist und dem Sterbenmüssen unheilbar ausgeliefert ist. Sich dieser Liebe radikal zu verweigern und sich in dieser total isolierenden „Vereisung“ zu verhärten, würde bedeuten, sich selbst die „Hölle“ zu bereiten. Leiden hat keinen Sinn in sich, wie das in der Opfer- und Verdienstreligiosität nahegelegt erschien. Wohl aber ist der leidende Mensch voll des Sinnes, er ist angenommen und er darf sich als bejaht und geliebt glauben!
Nun stellt sich abschließend die Frage, wie solche Hoffnung im Alltag und in der Hitze der Lebensgefechte nicht verblaßt und verdunstet. Ist eine solche Lebens-Perspektive nicht diskret und sorgfältig zu pflegen und zu hüten?

6.5 DIE GESCHENKTE HOFFNUNG ATMET IM BETEN

Die Karfreitagssituation duldet keine Verharmlosung, aber auch kein Verdrängen. Christliche Hoffnung stellt sich der Wirklichkeit, gibt bei ihr aber nicht auf. Sie will sich geradezu verleiblichen in der Gestaltung des persönlichen und gesellschaftlichen Lebens, auch wenn sie sich nicht als irdisches Paradies erfüllt. Der auf Jesus Christus vertrauende Mensch wird inmitten der guten und leidvollen Realitäten sowie inmitten all der Bedingungen und

Gestaltungsmöglichkeiten seinen eigenen Lebensentwurf von Jesus her bestimmen und von dieser Basis aus bewerten und handeln. Trotzdem ist der Alltag des Lebens und die Macht der harten Fakten nicht durchlässig und transparent für die Tiefendimension des Lebens, die von Jesus her enthüllt ist. Unser Leben bleibt fragmentarisch und bruchstückhaft. Wir können uns dabei leicht in partielle Erfahrungsnischen verlieren. Selbst die Addition von noch so vielen Taten und Handlungen, von Einzelfakten und Einzelerlebnissen und Geschehnissen kann nicht schon das spezifisch Christliche in unserem Leben ausmachen. Die Einzelgeschehnisse und Erlebnisse sowie unsere Handlungsweisen sind im Gegenteil immer wieder vieldeutig interpretierbar, mißverständlich, können täuschen oder sind vielleicht enttäuschend. Sie können im einzelnen den Bezug zu wesentlichen Dimensionen des christlichen Glaubens stets verlieren. Im Teilbereich eines jeden Lebens kann der Sinn des Ganzen „amputiert" werden.
Diese Teilerfahrungen bekommen dadurch eine christliche Bedeutung, daß sie immer wieder auf die fundamentale Ebene des Glaubens und Hoffens und des Vertrauens auf den Weg Jesu von Nazaret bezogen werden. Damit diese Hoffnung im Glauben an Jesus Christus immer wieder lebendig und konkret wird, bedarf es der Solidarität mit den vielen anderen Glaubenden, d.h. der Beziehung zur Kirche, bedarf es aber auch der Vergewisserung und der Einübung in die Haltung des Glaubens und des Hoffens. Nur wenn unser konkretes alltägliches Leben gegenüber dieser Hoffnung nicht erblindet, wird aus diesem Glauben und aus dieser Hoffnung heraus auch die menschliche Solidarität in guten und in bösen Tagen erwachen können, wird die Offenheit und die Bereitschaft wachsen, sich für die anderen zu verbrauchen – bis hin zum unwahrscheinlich wirkenden Versuch der Feindesliebe.

Es sei nochmals unmißverständlich daran erinnert, daß der christliche Glaube nicht einfach sakrale Religiosität ist, nicht nur tröstender Symbolwert oder Abbild einer großartigen Idee. Vielmehr vollzieht sich in vielen größeren und kleinen, wenn auch begrenzten und unhonorierten Schritten und in der stillen Treue des einzelnen Menschen – oft unscheinbar und unauffällig – christlicher Glaube. In vielen Handlungen, Lebensweisen und in der Geduld mit sich und anderen, die im Vertrauen auf den Weg Jesu verankert sind und von daher motiviert und gestärkt werden, ereignet und „verleiblicht" sich schon jene Hoffnung, die auf volles und erfülltes Menschsein aus ist. Damit unser Leben in dieser Hoffnung verankert bleibe, bedarf es aber der Pflege dieser Hoffnung, denn Nachfolge auf dem Weg Jesu führt über die verschlungenen und geraden Straßen dieser Welt und unseres Lebens. Auf diesen Straßen können wir auf die Dauer weder für uns noch für die anderen „Partisanen" für Menschlichkeit (Paul VI.) sein – gegen die Leiden und für die Leidenden –, wenn wir uns nicht vom Grund unserer Hoffnung her immer wieder erneut ergreifen und be-seelen lassen und zu den Quellen des Glaubens zurückfinden.

Unsere Hoffnung lebt und atmet im Beten. Darin werden alle unsere Erfahrungen und Erwartungen auf die einende Mitte des Glaubens hin versammelt: auf Jesus Christus, der uns durch sich hindurch zu Gott, seinem Vater, führt und kommen läßt. Letzten Endes geht es darum, daß Gott als Er selber in der Geschichte des einzelnen und der ganzen Menschheit ankommen möge. Das ist der tiefste Sinn von Anbeten, Danksagen, Loben und Preisen.

Natürlich ist auch das Beten wie das konkrete Leben im Alltag immer bruchstückhaft, begrenzt, bedingt und gefährdet. Trotzdem sind alle menschlichen Erfahrungen gebets-würdig, selbst Schuld, Sünden, erlittenes oder selbst verursachtes und zugefügtes Leid ...

Die Tragik von Schuld und Schuldigwerden liegt darin,

daß wir – gleichsam über uns enttäuscht oder rechthaberisch – bei uns bzw. bei unseren Taten stehenbleiben, uns aber nicht zur Umkehr als Hinkehr zu Jesus bewegen lassen. Die vergangene Schuld interessiert den Gott Jesu nicht, wenn wir umkehren und bei aller Zwiespältigkeit des Lebens und bei aller Verlorenheit oder Hilflosigkeit nicht verzweifelt stehenbleiben, sondern aufbrechen im Vertrauen auf den Weg und das versöhnende Wort Jesu. Dann kann Schuldigwerden und jede Schulderfahrung Anlaß zur Umkehr und für Hoffnung werden.

Jegliche Lebenssituation und jedes menschliche Ereignis kann so zum auslösenden Aufbruchsimpuls werden und als Brücke zur Mitte des Lebens dienen. Insofern sind alle menschlichen Erfahrungen und Erlebnisse „Rohstoff" für das Beten und bestimmen die vitale Fülle der Gebetsformen: betteln, flehen, fragen, (an-)klagen, jammern, protestieren, bereuen, seufzen, Schuld bekennen, bitten, Freude ausdrücken, danken, jubeln, staunen... Wenn unser Beten in der Vielfalt der konkreten Lebensfülle echt, d. h. auch von Erfahrungen her beglaubigt wird und wenn wir auf diesem Weg vor Gott kommen, dann gerät allerdings unser Beten und Bitten unter einen letzten Vorbehalt: nämlich daß Gott als Er selber in unserem Leben und in der Geschichte der Menschheit ankommen möge.

Geschieht im Beten nicht in kleinen Schritten schon ansatzweise das, was im Leben und zuletzt im Sterben zur Bewährung ansteht? Betrügt sich nicht jener um eine entscheidende Dimension des Lebens oder um einen wichtigen Lebensprozeß, der das Beten grundsätzlich verweigert, aus lauter Aktivismus darin müde wird oder es als religiösen Luxus ohne Wirkung diffamiert?

Im Beten binde ich die verwirrende Fülle der menschlichen Erfahrungen auf die entscheidende Mitte hin. Denn Erfahrung ist mehr als das, was ereilt, einholt, passiert, widerfährt, zustößt, geschieht, aufgeladen und passiv erlitten wird. Das Geschehene, das Erlittene und Widerfahrene wird erst dann zur tragenden Erfahrung, wenn es einen Schlüssel gibt, der das Reich der Fakten und Geschehnisse aufschließt und erschließt. Dieser Schlüssel, der alle Wirklichkeit – auch in ihrer undurchdringlichen Zerbrechlichkeit und unerschlossenen Verlorenheit – ernst nimmt und nur durch sie hindurch einen Weg verheißt, ist die Hoffnung, die die Geschichte in Jesus Christus und durch seine Erfahrungen hindurch selbst mitgegeben hat. Dieser Schlüssel hängt von einer kritischen Wahrnehmung der Wirklichkeit ab, ebenso vom Dialog unter und zwischen Christen und Christinnen, in dem die Erfahrungen sich gegenseitig zum Schlüssel des Verstehens werden, aber ebenso vom Beten, in dem ich mich nicht vom Leben zurückziehe, sondern zu den Quellen vorstoße.

Wenn unser Leben mit seinen Grenzen und Möglichkeiten endgültig vor Gott gelangt und wenn uns das verheißene Leben in Fülle geschenkt werden soll, dann werden wir in den Teilerfahrungen unseres jetzigen Lebens sprachlos, um freizuwerden für das Ganze. Im Sterben erblinden wir für Raum und Zeit, um voll zu erleben, worauf wir im Vertrauen auf Jesus Christus hoffen. Wenn wir dann den Spielraum unseres Lebens ganz der Initiative der Liebe Gottes anheimstellen und dem Gott Jesu mehr zutrauen müssen als dem allmächtigen Tod, dann mündet doch – so hoffen wir – unser Leben in das Erleben dessen, was wir mit An-Beten, Loben, Preisen, Danken, Freuen und Staunen zu sagen versucht haben. Wenn wir für den begrenzten und leidvollen Bereich des Lebens sterben, um die unbegrenzte Fülle zu erleben, dann „erkennen“ wir uns und alle in liebender Gemeinschaft von dem her, zu dem wir jetzt im Vertrauen auf Jesus von Nazaret noch unterwegs sind: oft leidvoll – aber in Hoffnung.

Anmerkungen

1 Leiden als Skandalon, in: Christlicher Glaube in moderner Gesellschaft, Band X, Freiburg i. Br. 1984, 8
2 Ebd.
3 *Johannes Brantschen*, a.a.O., 10
4 Reinbek 1979
5 In: Herder Korrespondenz 38 (1984), 212: Interview zu Leidensverherrlichung, Leidensverdrängung, Leidensbewältigung
6 *Rudolf Walter*, Geschichtliche Perspektiven der Deutung, in: a.a.O. (Anm. 1), 12
7 Vgl. *Erich Zenger*, in: a.a.O. (Anm. 1), 31 ff.
8 A.a.O. (Anm. 5), 211
9 *Dorothee Sölle*, Wählt das Leben, Berlin 1980, 12
10 Vgl. *Raphael Schulte*, Christliche Diakonie ..., in: Diakonie der Gemeinde, hrsg. von *Josef Wiener* und *Helmut Erharter*, Freiburg i. Br./Wien 1978, 35 ff.
11 *Alfons Deissler*, Die Grundbotschaft des Alten Testaments. Ein theologischer Durchblick, Freiburg i. Br. [10]1986, 51
12 Vgl. *Leo Karrer*, Karfreitag als Grund- und Grenzerfahrung des Menschen, in: *Reinhold Bärenz* (Hrsg.), Der Mensch unter dem Kreuz, Regensburg 1980, 21 f.
13 *Maria Bührer* (Hrsg.), Du bist der Brunnen in der Wüste. Gebete in kranken Tagen, Freiburg i. Br. 1988, 7 ff.
14 *Wilhelm Bruners*, Wie Jesus glauben lernte, Freiburg i. Br. [2]1989, 111
15 Vgl. dazu *Raphael Schulte*, a.a.O. (Anm. 10), 35 ff.

Manche der vorliegenden Erwägungen gehen auf Karwochen- und Osteransprachen zurück.

ZUGEFÜGTES LEIDEN

Verantwortung – Schuld – Befreiung

Adrian Schenker

Gewöhnlich empfinden wir *erlittenes* Leiden als Problem. Warum trifft es so viele Menschen, warum trifft es Unschuldige? Wie Christen auf solche Fragen antworten können, zeigte Leo Karrer in einem ersten Teil.
Hier geht es in einem weiteren Schritt um eine andere Frage, die das Leiden betrifft. Wir *verursachen* ja auch Leid für andere Menschen! Was verändert in uns die Gewißheit, daß wir manchen Menschen Leid zufügen, willentlich oder unabsichtlich? Wir würden das Leid nicht vollständig bedenken, vergäßen wir diese oft schmerzliche Seite unseres Lebens.

1 Schuldhaft zugefügtes Leiden

1.1 STRUKTURELLES UNRECHT

Wir reden heute von *struktureller* Schuld. Die sozialen Verhältnisse sind so eingerichtet, daß ganze Völker und Klassen benachteiligt sind, während andere alle Vorteile auf ihrer Seite haben. Es ist eine Ungerechtigkeit. Denn die Güter und Möglichkeiten sind ungleichmäßig verteilt, obgleich die Benachteiligten ja weder weniger be-

gabte noch weniger gute Menschen sind als die Bevorteiligten.
Dieses Unrecht geht nicht auf das Konto eines einzelnen. Niemand hat es durch eine einzelne Tat zum Schaden so vieler Zukurz-Kommender begangen. Daher heißt es ja auch „strukturell". Es ist ein echtes Unrecht, das weit über einzelne verantwortliche Individuen hinausgreift.
Manche sprechen daher nicht von Unrecht. Sie reden von Ungleichheit. Sie sehen darin eine Naturtatsache, für die niemand verantwortlich ist, wie niemand für die Unterschiede zwischen hochgewachsenen und kleinen Menschen, musikalischen und unmusikalischen, schwarzhaarigen und blonden und für ähnliche Unterschiede verantwortlich ist. Es ist einfach so.
Aber strukturelles Unrecht ist etwas anderes. Es ist leider mehr als einfache Ungleichheit. Wenn man es röntgt, zeigen sich Tausende und Abertausende von einzelnen Akten der Gleichgültigkeit, des Egoismus, der Trägheit, aus denen es angeschwollen ist, wie ein Organismus aus zahllosen Zellen zusammengesetzt ist. Fast niemand nimmt die Mühe auf sich, etwas an der ungerechten Verteilung zu verändern. So tragen alle durch ihre Passivität zum Fortbestehen von Unrecht bei.
Gewiß, ein einzelner vermag allein solchen globalen Verhältnissen nicht beizukommen. Aber das entschuldigt die Passivität der einzelnen keineswegs, zumal das Beispiel der Gleichgültigkeit oder der Resignation der einen die andern in der gleichen passiven Haltung bestärkt.

1.2 ZWISCHENMENSCHLICHE DEFIZITE

Solche strukturelle Schuld, an der zahllose Einzelne ihren Anteil und ihre Verantwortung haben, existiert nicht nur im großen. Von uns allen hängen andere Menschen ab.

Sie sind auf uns angewiesen. Unser Beispiel, unsere Zuwendung, unser Verständnis wären für sie notwendig. Aber wir haben unsere Grenzen, die uns daran hindern, den andern Menschen zu geben, was wir ihnen schuldig sind, und was sie von uns beanspruchen dürfen.
Sehr oft ist es nicht unsere Schuld, daß wir es nicht vermögen. Mangel an Zeit, Umstände, Müdigkeit, psychologische Faktoren binden uns. Doch wie immer sich unser Unvermögen erklären mag, die Tatsache bleibt, daß wir für andere nicht sind, was wir für sie sein sollten. Sie erleiden ein Defizit, das uns angelastet werden muß.

1.3 SCHULD AM LEIDEN

Für andere Leiden tragen wir jedoch die direkte Verantwortung. Wir haben sie aktiv verursacht. Zorn, Herzenshärte, Rücksichtslosigkeit, Geiz, Grausamkeit und wie die Fehlformen menschlichen Verhaltens alle heißen, verwüsten das Leben zahlloser Menschen.
Dieses Leiden ist bitter. Es steckt neben dem Schmerz ein besonderer Stachel drin, nämlich die Erfahrung menschlicher Bosheit. Selbst wo diese Bosheit wie so oft eigentlich mehr Schwäche als Bosheit ist – Petrus hat seinen Meister und Freund aus Schwäche verleugnet! – schmerzt solches Leid in jedem Fall heftiger als ein Schicksalsschlag, bei dem kein Mensch beteiligt ist; denn wir spüren die Feindschaft, die Kälte, die Ablehnung heraus, die uns persönlich gelten. Das uns bereitete Leid ist gewollt. Es trifft uns im Persönlichsten.

1.4 DIE HYPOTHEK VERURSACHTEN LEIDENS

Mit dieser Hypothek belastet uns das Leben; denn wir tragen Mitverantwortung an strukturellem Unrecht, ungewollt enttäuschen wir berechtigte Ansprüche und Erwartungen von Mitmenschen, und leider gibt es Menschen, die unter uns zu leiden hatten, weil wir ihnen Leiden zufügen wollten. Läßt sich diese Hypothek abtragen? Oder müssen wir sie einfach zu vergessen trachten? Verdrängungen bringen aber kaum eine dauerhafte Lösung, weil Verdrängtes stets wieder auftauchen wird. Man ist vor bloß Verdrängtem nie sicher.

1.5 EINTREIBUNG ODER ERLASS?

Wenn wir vor einer Hypothek die Augen nicht verschließen, sehen wir den Tag der Zahlungen unerbittlich auf uns zukommen. Können wir nicht zahlen, bleibt uns nur die Bitte um die Tilgung der Schuld übrig, um der Eintreibung zu entgehen.
Bei Matthäus und Lukas gibt es ein kleines, nur in Umrissen skizziertes Gleichnis für diese Situation: *„Suche eine rasche Versöhnung mit deinem Gegner, solange du mit ihm unterwegs bist, damit dich dein Gegner nicht dem Richter überantwortet und der Richter dem Eintreibungsbeamten und du so ins Gefängnis kommst. Amen, ich sage dir, du kommst von dort nicht heraus, bis du den letzten Heller bezahlt hast!"* (Mt 5,25f. = Lk 12,58f.)
Jesus redet seinen Zuhörer mit Du an. Du bist gemeint. Du bist in der Situation eines Schuldners, der mit seinem Gläubiger unterwegs ist. Erwirke den Nachlaß deiner Schuld, noch bevor du mit deinem Gläubiger durch die Tore der Stadt trittst. Denn hier gibt es Gerichte und damit Möglichkeiten, gerichtlich gegen zahlungsunfähige

Schuldner vorzugehen. Es ist also keine Zeit zu verlieren. Erbitte den Schulderlaß sogleich! „Vergib uns heute unsere Schuld" lautet die fünfte Bitte im Gebet des Herrn. Denn das Heute der Brotbitte steht auch über den folgenden Bitten. Die Bitte um Schulderlaß ist das Letzte, was noch getan werden kann. Sie ist ein Appell an das Mitleid des Gläubigers.

1.6 NEUGESCHENKTE FREIHEIT

Das ist unsere Situation: Wie wir auf das tägliche Brot angewiesen sind, sind wir auf den täglichen Erlaß unserer Hypothek angewiesen, die uns belastet. Der Schulderlaß macht uns frei. Das Leid, das wir direkt verursachen oder indirekt mitverursachen, hört auf, uns zu belasten, weil Gott uns dafür nicht länger behaftet. Warum tut Er das? Wir sollen frei leben können.

1.7 VORAUSSETZUNGEN DER FREIHEIT

Solche Freiheit ist aber an Voraussetzungen oder Verbindlichkeiten auf unserer Seite geknüpft. Die erste ist das *Verlangen nach Befreiung* unserer Schuld, wie es das Gebet des Herrn, ursprünglich das tägliche Morgengebet der Jünger Jesu, ausspricht: Erlaß uns unsere Schuld!
In diesem Verlangen ist Reue. Die Verantwortung für das Leiden anderer Menschen wird zum bitteren Vorwurf, zur Last. Wir können und wollen es nicht mehr weiter verantworten. Wir sehnen uns nach Änderung und Umschwung.
Eine zweite Voraussetzung ist die *Vergebungsbereitschaft*. Auch wir hängen ja in mancher Hinsicht von

andern Menschen ab, die uns nicht gerecht werden. Unsere berechtigten Ansprüche auf Anerkennung, Förderung, Zuneigung stoßen auf Ablehnung. Wir haben nicht alles empfangen, was nötig gewesen wäre. Wir bleiben mit Forderungen zurück, die niemand einlöste. Wir könnten darauf mit dem Haß der Zurückgesetzten, Zukurz-Gekommenen reagieren, Sündenböcke suchen und uns bedauern. So mit unserem eigenen Defizit beschäftigt hätten wir weder Zeit noch Laune, für das Defizit um Vergebung zu bitten, das andere unsertwegen erleiden.

Beides geht zusammen: die Einsicht in eigenes Ungenügen für andere und die Vergebungsbereitschaft für fremde Fehlleistungen an uns! Die gewährte Vergebung ist so etwas wie eine Abzahlung der Schuld, in der wir bei all denen stehen, die unter uns leiden, weil wir für sie nicht das sind, was wir für sie sein müßten, oder sein wollen.

So leben wir frei, wenn wir selbst vergeben und Vergebung empfangen. Solche doppelte Versöhnlichkeit ist das Fundament des Friedens mitten unter Leiden, die wir erfahren und für andere verursachen. Dies erleben alle Familien und Gemeinschaften. Ohne solche Versöhnungsbereitschaft fallen sie auseinander.

1.8 ANGENOMMENES LEIDEN

Wer fremdes Leiden sieht, empfindet manchmal das Verlangen, ein Stück weit an solchem Leiden mitzutragen. Dieser Wunsch kann auch aus Reue über verursachtes Leid entstehen. Solche angenommenen, bejahten Defizite ziehen die Waagschale auf ihre Seite hinunter und heben gleichzeitig die andere Schale empor, in der unsere Verantwortung und Mitbeteiligung am Leiden anderer Menschen liegen. Was wir ohne Neid und Zorn geduldig an Schwerem tragen, das erleichtert das Gewicht des

Schweren, das wir gewollt oder ungewollt andern aufgeladen haben. Es entsteht eine Art Ausgleich, eine Kompensation.
Wie wir ein begangenes Unrecht durch besonders große Freigebigkeit aufzuwiegen trachten, so können wir auch versuchen, es durch das ruhig ertragene, bejahte Schwere aufzuwiegen, das wir nicht von unsern Schultern schütteln können.

2 Leiden, das wir zufügen müssen

2.1 WIDERSTAND GEGEN UNRECHT

Es gibt das Gebot des Widerstandes. Nachsicht und Duldung im Angesicht eines klaren Unrechts, dessen Zeugen wir werden, sind fehl am Platz. Sie wären Feigheit. Der Frechheit, der Ausbeutung, dem Unrecht *müssen* wir entgegentreten. Unterlassen wir es, leisten wir dem Bösen Vorschub. Solche Unterlassung wäre nicht neutral. Sie würde, ob gewollt oder ungewollt, zur Komplizenschaft.
„Es genügt nicht, das Gute zu tun, man muß sich auch dem Bösen widersetzen" (Gandhi). Im Nazideutschland geschahen die Verbrechen nicht nur auf Befehl der verantwortlichen Machthaber, sondern auch dank der schweigenden Duldung einer großen Zahl von Mitläufern und Mithelfern. Was damals im großen und furchtbaren Maßstab stattfand, das wiederholt sich im kleinen überall und jederzeit. Manches Böse geschieht nur deshalb, weil niemand es wagt, dagegen aufzustehen. Katharina von Siena warf den Predigern ihrer Zeit vor, sie seien Hunde,

die nicht zu bellen wagten. Wohl verkündeten sie die Frohe Botschaft, aber sie getrauten sich nicht, die Zerstörer dieser Botschaft anzugreifen.
Aus dieser Notwendigkeit folgt das Gebot des Widerstandes gegen Unrecht. Es braucht einen Druck, damit Böses verhindert wird. Die Macht des Bösen muß sich an einer Mauer brechen. Solcher Widerstand kann auch die Form des Strafens annehmen. In der Strafe werden Menschen gezwungen, ihr Unrecht abzubrechen.

2.2 STRAFE ALS NOTWENDIGER WIDERSTAND

In der Heiligen Schrift erscheint das Unrecht in zwei Gestalten: das gewöhnliche Unrecht und das Unrecht „mit hoch erhobener Hand" (Num 15, 30f.). Das erste kann unter Umständen vergeben werden, d.h. straffrei ausgehen, das zweite darf nicht vergeben werden. Es erheischt Ahndung.
Mit „hoch erhobener Hand" begangenes Unrecht ist freches, schamloses, provozierendes Unrecht, das sich nicht versteckt, sondern es im Gegenteil darauf abgesehen hat, die Öffentlichkeit zu schockieren. In Ex 14, 8 und Num 33, 3 erzählen die biblischen Überlieferungen, wie die Israeliten mit „hoch erhobener Hand" aus Ägypten auszogen. Sie stahlen sich nicht heimlich fort, sondern gingen demonstrativ in aller Öffentlichkeit weg. Ganz Ägypten konnte zuschauen.
Die meisten modernen deutschen und französischen Bibelübersetzungen geben die Wendung „mit hocherhobener Hand" in Num 15, 30 mit „absichtlich" oder „vorsätzlich" wieder, während sie in Ex 14, 8 und Num 33, 3 eine andere Übersetzung wählen müssen, weil dort „vorsätzlich" offenkundig nicht in den Kontext paßt. Die Wiedergabe „absichtlich" oder „vorsätzlich" schießt in

der Tat am Ziel vorbei. Denn vorsätzlich begangenes Unrecht kann vergeben werden, z.B. nach Lev 5,20–26. (Num 15 und Lev 5 gehören zum gleichen Verfasserkreis aus dem 6. oder 5. J.v.Chr.). Was hingegen nicht vergeben werden *darf*, das ist schamloses Unrecht. Warum? Es ist *zynisch*. Es weiß, daß es Unrecht ist, aber es schert sich keinen Deut darum. Ist es nicht mächtig? Wozu braucht es sich die Mühe des Vertuschens zu machen? Es ist die nackte, zynische Gewalt, die sich über die Empörung der Zeugen lustig macht. „Wieviele Divisionen hat der Papst?" fragte Stalin, als ihn Churchill auf einen Einspruch Pius' XII. gegen sowjetische Rechtsbrüche hinwies. Wer die Macht fest in Händen hält, kann in aller Öffentlichkeit das Recht mit Füßen treten. Die chinesische Regierung konnte Hunderte von jungen Menschen auf dem Platz des Himmlischen Friedens in Peking zusammenschießen und mit Panzern überfahren und sich im gleichen Atemzug über die Proteste aus dem Ausland entrüsten. Mit welchem Recht untersteht sich das Ausland, sich in rein chinesische Angelegenheiten einzumischen? (Als ob die Niederwalzung einer gewaltfreien Manifestation junger Menschen eine rein chinesische Angelegenheit sein könnte! Doch das Unrecht liegt nicht im Unrecht, sondern bei denen, die es wagen, ihre Stimme dagegen zu erheben!)

Vor solchem Unrecht gibt es nur das Nein, den Gegendruck, wenn dieser möglich ist. Andernfalls bestärkt der ausbleibende Widerstand die Macht des Unrechtes in ihrem Zynismus. Schamlosigkeit würde sich ja dann lohnen, da sie den Widerspruch zum Schweigen gebracht hätte!

2.3 HEILENDER GEGENDRUCK, PRINZIP GEWALTLOSEN WIDERSTANDS

Zum Glück gibt es Widerstand und „Strafe", die mehr sind als bloßer Widerstand gegen nackte Gewalt! Wir üben Druck in der Hoffnung aus, Zustände und Personen zu verändern.
Dies ist das Prinzip des gewaltlosen Widerstands, der den Gegner gleichzeitig bekämpft und achtet und liebt, wenigstens in seinen in ihm angelegten Möglichkeiten. Die ihm entgegengebrachte Hochschätzung, ja Liebe, ist ein Ferment der Veränderung. Es liegt darin ein Appell an die positiven Seiten des Gegners. In das geschlossene System der Gegnerschaft bricht eine andere Energie ein. Die Beziehung zum Gegner empfängt eine positive Dimension.
Widerstand und Opposition bleiben; auf Druck wird durchaus Gegendruck ausgeübt. Aber gleichzeitig signalisiert der gewaltlose Widerstand durch die Wertschätzung des Gegners einen andern Horizont und gibt ihm so die Sicherheit, die ihm die Feindschaft nimmt, auf einer andern Ebene zurück. Er wird zugleich bestritten und anerkannt. Die Anerkennung vermag ihm die Bestreitung erträglicher zu machen. Die Gegnerschaft ist in der Hochschätzung des Gegners aufgehoben!

2.4 POSITIVES STRAFEN

Das Prinzip des gewaltlosen Widerstandes ist auch die tragende Intuition für eine der schwierigsten Formen der Autoritätsausübung unter Menschen: die Auferlegung von Strafen zum Zweck der Veränderung der bestraften Menschen. Strafe ist immer Zwang und Druck und daher auch Zufügung von Leiden. Sie führt zur Belastungsprobe

und so zur Gefahr des Scheiterns, des Zusammenbruchs der Bestraften. Ist es nicht illusionär und verwegen, einen Menschen einer solchen Belastungsprobe auszusetzen, um einen positiven Gewinn für ihn hervorzubringen?
Die Belastungen einer Strafe können sich nur unter einer Bedingung positiv auswirken: wenn sie aufhören, als Zwang und Zerstörung erlebt zu werden, und wenn sie frei bejaht werden können. Bejahtes Leiden kann uns paradoxerweise glücklich machen.
Zur positiven Strafe gehört demzufolge der Übergang vom Zwang zur Freiheit. Strafen brauchen eine Seele. Ohne sie sind sie negatives, totes Leiden, reines Defizit, Verlust ohne positive Seite. Was den Strafen eine Seele einhaucht, ist all das, was sie bejahenswert macht. Aus einer rein erlittenen kann eine frei ergriffene Straferfahrung werden, aber dafür müssen bestimmte Voraussetzungen erfüllt sein!

2.5 BRÜDERLICHE ZURECHTWEISUNG

Eine erste Voraussetzung für die Bejahung von strafendem Leiden ist die „Gewinnung des Bruders“: *„Wenn dein Bruder gegen dich sündigt, dann geh zu ihm und weise ihn unter vier Augen zurecht. Hört er auf dich, hast du deinen Bruder gewonnen“* (Mt 18,15). Den Bruder gilt es zu gewinnen. Er ist zu teuer, um verlorenzugehen. Die mißlungene Zurechtweisung kommt einem schwer zu verschmerzenden Verlust gleich.
Wie im gewaltlosen Widerstand sucht die Zurechtweisung die Gegnerschaft zu sprengen. Trotz seines begangenen Unrechtes ist der Bruder mehr Bruder als Gegner! Sein Unrecht schadet auch ihm selbst, nicht nur uns. Es tut uns nicht nur um unseren eigenen Schaden leid, sondern auch um unsern Bruder, der ihn verursacht hat. Sei-

ne Verantwortung am entstandenen Defizit schmerzt uns nicht weniger als das Defizit selber, das er uns verursacht hat, und unter dem wir zu leiden haben.

In der geschwisterlichen Zurechtweisung wiegt die Hoffnung auf die Wiedergewinnung eines Bruders, einer Schwester schwerer als der Verdruß über ihr Fehlverhalten und der Schmerz über das uns von ihnen zugefügte Böse. Das Verlangen nach ihrer Rückkehr in die Gemeinschaft steht zuoberst und geht allem andern voran. Nur innerhalb solcher Bemühung um die Wiedergewinnung des Bruders und der Schwester hat der Druck der Strafe Aussicht, bei ihnen positiv anzukommen.

2.6 WIEDERHERSTELLUNG VON GERECHTIGKEIT

Eine zweite Voraussetzung, damit das Erleiden von Strafe bejaht und positiv erfahren werden kann, zeigt die biblische Josefsgeschichte in unübertroffener Anschaulichkeit (Gen 37; 42–45; 50). Sie beruht auf der Einsicht in die eigene schlecht verwaltete Verantwortung.

Verantwortung tragen wir überall dort, wo Personen oder anderes Wertvolles von uns abhängen, weil sie in unsere Obhut gegeben sind. Wir können sie verschleudern, zerstören, verlieren und werden dadurch zur Ursache ihres Verlustes. Ist uns das gleichgültig, werden wir keine Verantwortung anerkennen. Wenn wir zur Verantwortung gezogen werden, wehren wir uns dagegen, wie man sich gegen eine Vergewaltigung wehrt.

Verantwortung muß uns daher so unmittelbar anspringen, daß es für uns kein Ausweichen mehr gibt. Die Evidenz unserer Verantwortung muß uns überwältigen. So erging es den Brüdern Josefs. Sie wurden in Ägypten unter Hochverratsanklage gestellt. Sie mochten sich wehren, wie sie wollten, sie konnten sich diesem Netz, das ihr

Bruder Josef kunstvoll über sie geworfen hatte, nicht mehr entwinden. Josef ging es nicht darum, sich an seinen Brüdern zu rächen und sie zu bestrafen. Er wollte sie in die Lage versetzen, in die sie ihn versetzt hatten, als sie ihn wie Raubtiere angefallen, gefangen genommen und als Sklaven verkauft hatten. Josef hatte damals geweint und gefleht, aber umsonst. Die Brüder waren kalt und ungerührt geblieben.

Josef versuchte jetzt, Jahre später, sie das Mitleid zu lehren, indem er sie kosten ließ, was sie ihm angetan hatten (Gen 37 und 42). Dabei machten sie die Erfahrung, wie es Unschuldigen zumute ist, die zugrunde gerichtet werden, ohne daß sie sich und ihre Unschuld verteidigen können. Die Augen gingen ihnen auf, weil sie an sich selbst erfuhren, was sie damals ihrem Bruder angetan hatten.

Josef setzte demzufolge seine Brüder unter Druck, um ihnen den Druck bewußt zu machen, dem sie ihn selbst ausgesetzt hatten. War ihnen das Leiden Josefs wirklich entgangen? In Tat und Wahrheit waren sie es wohl gewahr worden. Wie hätten sie sonst sagen können: *„Ach, wir sind an unserm Bruder schuldig geworden. Wir haben seine Seelenangst gesehen, als er uns anflehte. Doch haben wir dessen nicht geachtet! Deshalb kommt nun solche Angst über uns! Ruben sagte zu ihnen: ‚Hatte ich euch nicht gesagt: Versündigt euch nicht am Kind, aber ihr habt nicht darauf geachtet. Und jetzt wird sein Blut von uns gefordert!'"* (Gen 42,21–22). Was sie taten, war ihnen nicht verborgen gewesen. Aber sie hatten es von sich geschoben und verdrängt.

Ihr eigenes Leiden erscheint ihnen auf dem Hintergrund ihres vergangenen Tuns als Antwort darauf. Es fällt wie ein Bumerang auf sie zurück. Leiden nimmt für schuldige Menschen die Färbung einer Quittung für vollbrachtes Böses an. Eine solche Färbung ist zuerst negativ. Das begangene Unrecht erscheint als mißlungen, und darüber ist man zuerst wütend. Aber es liegt eine Chance drin. Solch

erlittenes Leiden wiederholt *zugefügtes* Leiden. Es entsteht ein Gleichgewicht. Der Schuldige erfährt nun, was der Unschuldige seinetwegen erfahren hat. Der Schuldige ist nicht länger besser dran als der Unschuldige.
Der Schuldige kann diese Schicksalsgemeinschaft im Leiden mit dem Unschuldigen, dem er das Leiden gebracht hat, als Buße erleben. Buße ist ein Preis, den wir zur Wiederherstellung der Gerechtigkeit bezahlen. Wenn wir die Ungerechtigkeit unseres eigenen Tuns tief empfinden, ist es uns eine Erleichterung, dieses Unrecht abzubauen. Das ist die befreiende Wirkung einer bejahten Buße. Sie tritt positiv an Stelle des Unrechtes und wiegt dieses wenigstens ein Stück weit auf.

2.7 ÜBERWUNDENE STRAFE

Die Brüder haben Josef ins Leiden gestürzt. Jetzt bringt Josef Angst über sie, ohne ihnen den Grund dafür zu erklären. Bei ihnen aber springt der Funke über. Sie finden die Verbindung zwischen der Angst ihres Bruders damals und ihrem Schrecken jetzt. Dadurch wird ihnen ihre Not erklärlich. Sie verstehen sie als Rückkehr des Pendels. Ihre jetzige Bedrängnis ist die Antwort auf ihr Verbrechen. Menschen, die Verderben über andere gebracht haben, können offenbar schwere Schicksalsschläge nicht anders als im Horizont und Zusammenhang mit ihrem, mit dem durch sie verursachten Unrecht wahrnehmen.
Hier stehen sie vor einem Scheideweg. Wollen sie die Verbindung zwischen vollbrachtem Bösen und eigenem Unheil anerkennen, oder wollen sie dieses Unheil trotz ihrer Schuld als ungerecht und unverdient anklagen? Die beiden Schächer, die mit Jesus gekreuzigt wurden, lebten beide Möglichkeiten. Der eine verzweifelte, der andere nahm sein furchtbares Geschick an. *„Einer der mit ihm*

gehängten Verbrecher fluchte ihm: Bist du nicht der Messias? So rette dich und uns! Der andere fiel ihm ins Wort und verwies es ihm: Fürchtest du, sagte er, Gott denn gar nicht, weil du die gleiche Verurteilung erleidest? Uns geschieht recht. Wir bekommen nur, was wir mit unseren Taten verdient haben. Aber er hat nichts Unrechtes getan!" (Lk 23, 39 – 41). Uns geschieht recht! Wir haben Leid in die Welt gebracht. So ist es in Ordnung, daß wir Leid tragen müssen. Es wäre nicht recht, hätten andere unter uns zu leiden gehabt, während wir glücklich und ungeschoren lebten. Daß wir unsern Teil abbekommen haben, ist gerecht. Wir haben Schläge ausgeteilt und dürfen jetzt nicht aufschreien, wenn Schläge zurückkommen.

Die andere, dunkle Möglichkeit ist die Wut des andern Verbrechers über das Unheil, seine Weigerung, es als Folge des Bösen zu nehmen, das er verursacht hat. Hier ist die Strafe reiner Zwang. Zwang, den wir nicht abwenden können, führt zum Fluch und zur Verzweiflung.

Zugefügtes Leid kann ohne Zustimmung des Betroffenen nie bejaht werden. Es kann noch so gütig, noch so vorsichtig, noch so persönlich auferlegt werden, wenn es im Herzen nur auf Ablehnung stößt, wird es als Joch empfunden werden, unter dem man ächzt und das man verflucht. Zugefügtes Leid kann ein Mensch, der Unrecht getan hat, nur überwinden, wenn er zu seiner Verantwortung steht. Paradoxerweise wird er gerade dann unter seinem harten Schicksal frei, wenn er sich zu seiner Verantwortung und Schuld bekennt. Solange er diese auf andere abzuwälzen sucht, wird er an seinem bitteren Geschick ersticken. Reinhold Schneider hat diesen harten Weg von der Anerkennung einer Schuld zur freien Übernahme von Leid am Beispiel des Zaren Alexander in der Erzählung „Taganrog" ergreifend geschildert.

Das ist die Grenze allen Strafens: Es kann die Gewissen nicht zwingen. Die Freiheit des Ja und des Nein zum auferlegten Leiden bleibt persönlichste Wahl des einzelnen.

Ob uns auferlegtes Schweres verdirbt oder glücklicher macht, das hängt somit von zwei Bedingungen ab: von der Güte und Weisheit der Bestrafenden und vom Gewissen der Betroffenen, das zustimmt oder ablehnt. Josef hat seine Brüder unter Tränen in die Krise der Hochverratsanklage geführt, und diese haben sich ihrer Schuld gestellt. Was wäre geworden, wenn sie unter der Belastung verzweifelt und Josef verflucht hätten, wie der eine Schächer am Kreuz Jesus und Gott verfluchte?

2.8 ANSPRUCH DER LIEBE

Eine wichtige Form der Liebe besteht darin, Verantwortung anzuvertrauen und an anvertraute Verantwortungen zu erinnern. Verantwortungen bringen jedoch immer auch Leiden mit sich.

Denn sie können durch die Umstände des Lebens zur Last werden, die man am liebsten abwerfen möchte. Sie nehmen uns auch Möglichkeiten, auf die wir nur ungerne verzichten. Verantwortungen kosten uns manchmal einen hohen Preis. In jedem Fall verlangen sie Treue.

Es kann unsere Pflicht sein, Menschen um ihrer selbst willen auf ihre Verantwortung zu verweisen, an der sie schwer tragen. Wir bürden ihnen so Leiden auf. Wenn uns jedoch diese Menschen nicht so teuer wären, würden wir leichter von dieser Pflicht der Liebe absehen.

2.9 WER IST ES, DER LEIDEN ZUFÜGEN DARF?

Alle diese verschiedenen Situationen, in denen Menschen anderen Leid zufügen, werfen die Frage auf: Mit welcher Vollmacht üben wir als Gesellschaft oder als ein-

zelne auf andere Menschen solchen Druck aus, daß er in ihr Leben einschneidet und schmerzlich darauf lastet?
Die Vollmacht dazu kann auf dem Gebot beruhen, dem Unrecht in keinem Fall durch feige fehlenden Widerstand den Steigbügel zu halten. Sie empfängt ihre Berechtigung auch von der Achtung und Liebe, die uns nötigen, den Druck der brüderlichen Zurechtweisung, einer heilenden Strafe oder einer Verantwortung aufzubürden. Doch bedarf es der Kriterien, um die Lauterkeit unserer Absicht zu prüfen. In die lichte Gestalt von Achtung und Liebe können sich auch trübe Kräfte hüllen, die sich nicht gerne der Klarheit eines lauteren Bewußtseins aussetzen.
Wer Schmerzen zufügen muß, muß wohl auch bereit sein, an solchen Schmerzen mitzutragen, ja sogar Leiden freiwillig an Stelle anderer anzunehmen. Wer Schmerzliches erfahren hat, ist am besten dazu vorbereitet, etwas Schmerzliches abzufordern. Und erst wer bereit ist, andern Schweres abzunehmen, darf ihnen auch Schweres auferlegen! „*Wer mein Jünger sein will, der verleugne sich selbst, nehme sein Kreuz auf sich und folge mir nach*“ (Mk 8, 34), konnte jener sagen, der sich selber entäußert hatte und am Kreuz sterben sollte.

3 Fügt Gott uns Leid zu?

3.1 GOTTES GERICHT

Die Propheten des Alten Bundes und Jesus selbst stellen Gottes Gericht in Aussicht. Damit meinen sie die Rechenschaft, die Gott für getanes Unrecht verlangt:
„*Hört das Wort der HERRN, ihr Israeliten, denn der*

HERR beginnt einen Prozeß gegen die Bewohner des Landes. Denn es gibt weder Wahrheit noch Verantwortungsbewußtsein noch Anerkennung Gottes im Land. Fluchen, Verhehlen, Morden, Stehlen, Ehebrechen sind durchgebrochen. Vergossenes Blut fließt in vergossenes Blut, deshalb verfällt das Land der Trauer, und seine Bewohner sterben ab mitsamt den Lebewesen der Erde und den Vögeln des Himmels, und sogar die Fische gehen im Meer zugrunde." Hos 4, 1 – 3

Die Verderbnis der Menschen zerstört Natur und Schöpfung. Gott klagt sein Volk dafür an:

„Hört dieses Wort, das der HERR über euch, ihr Israeliten, spricht: Ihr, die ganze Familie, die ich aus Ägypten heraufgeführt habe, nur mit euch bin ich in eine nahe Beziehung getreten [wörtlich: *nur euch habe ich gekannt] unter allen Familien der Erde. Deshalb muß ich euch für all eurer Unrecht zur Verantwortung ziehen!"* Am 3, 1 – 2

Das in Israel verübte Unrecht zwingt den HERRN zum Einschreiten, gerade weil Ihm dieses Volk so teuer ist. Die Enttäuschung ist um so bitterer, als er von ihm mehr als von andern Völkern erwartet hat. Seine Bevorzugung Israels schlägt nicht in blinde Parteilichkeit um, sondern erhöht die Ansprüche, die an dieses Volk gestellt werden:

„Ich brachte euch in ein Land voller Obstgärten; seine Frucht und was es Gutes hat, konntet ihr essen. Und ihr kommt und habt mein Land beschmutzt; mein Familieneigentum habt ihr mir zum Überdruß gemacht! Die Priester sagen nie: Wo ist der HERR? Die sich mit der Weisung befassen, kennen mich nicht, und die Hirten versündigen sich gegen mich, während die Propheten durch Baal prophezeien und hinter untauglichen Götzen herlaufen. Daher werde ich mit euch einen Prozeß führen müssen, spricht der HERR, und mit euren Enkeln werde ich noch im Prozeß stehen!" Jer 2, 7 – 9

Die Zerstörung des Landes hat Folgen für ihre Urheber. Sie werden sich verantworten müssen:
„Weh dir, Chorazin! Weh dir, Bethsaida! Tatsächlich, wenn die Machterweise, die bei euch geschahen, in Tyrus und Sidon geschehen wären, längst würden sie sich in Sack und Asche gesetzt haben und umgekehrt sein. Aber Tyrus und Sidon wird es im Gericht auch erträglicher ergehen als euch! Und du Kafarnaum, wurdest du nicht bis zum Himmel erhoben? Bis zur Unterwelt mußt du hinabfahren." Lk 10, 13 – 15
Für die Weigerung, umzukehren und Jesu Botschaft anzunehmen, werden sich die Städte verantworten müssen. Jesus erzählt auch zahlreiche Gleichnisse, in denen die Rechenschaftsablegung im Mittelpunkt steht: Das Gleichnis vom ungetreuen Verwalter (Lk 16, 1 – 8), vom unbarmherzigen Knecht (Mt 18, 23-35), von den Talenten (Mt 25, 14 – 30; Lk 19, 11 – 28), von den Arbeitern im Weinberg (Mt 20, 1 – 16), von den Knechten, die in Abwesenheit ihres Meisters über Haus und Gesinde gesetzt sind (Mt 25, 43 – 51; Lk 12, 35 – 48). Aber auch die Gleichnisse von den bösen Winzern (Mt 21, 33 – 46; Mk 12, 1 – 10; Lk 20, 9 – 19) und vom unfruchtbaren Feigenbaum (Lk 13, 6 – 9) gehen von der Zeit der Ernte aus, da die erwarteten Früchte abgeliefert werden sollten. Im Gebet des Herrn ist von den Schulden die Rede, deren Bezahlung täglich fällig wird: *„Erlaß uns unsere Schulden, wie auch wir denen die Schuld erlassen, die uns schuldig sind!"* Mt 6, 12.
In all diesen Gleichnissen haften die Menschen für das, was sie tun. Es ist ihnen ein Wert anvertraut worden; sie sind Verwalter, Mieter, Angestellte, Treuhänder. Sie haben ihre Arbeit und Geschäftsführung zur Prüfung vorzulegen. Rechenschaft gehört zur Verantwortung, und Verantwortlichkeit ist die Würde des Menschen. Gott nimmt ernst, was der Mensch tut. Daher hat er für sein Tun einzustehen. Es ist ja nicht gleichgültig, was er tut!

3.2 GESCHENKTE VERANTWORTUNG

Verantwortung entspricht überdies stets einer persönlichen Beziehung. Wir müssen jemandem Rede und Antwort stehen. Das ist ja auch die erste Bedeutung des Wortes Verantwortung: Verantwortlich sind die, die zu antworten haben, wenn nach der Ursache eines Fehlers oder eines Schadens gefragt wird. Verantwortung tragen wir somit vor andern Menschen und vor Gott. Solche Haftung ist nichts Starres. Sie ist in eine Beziehung eingebettet, und wie die Beziehung ist, so sieht auch die Verantwortung aus, die zu diesem Verhältnis gehört. Deshalb können wir Gott bitten, er möge uns die Folgen einer ungenügend wahrgenommenen Verantwortung abnehmen:
„Schenke uns unsere Schuld, wie auch wir die Schuld denen schenken, die uns etwas schuldig sind!“ Mt 6, 12.
Im Bild des Gerichtes Gottes liegt deshalb eine doppelte Idee: Die Menschen werden bei ihrem Tun behaftet, denn sie müssen es verantworten, und gleichzeitig können sie Gott um Geduld und Vergebung bitten, wenn sich ihr Tun nicht rechtfertigen läßt.

3.3 VERWEIGERTE VERANTWORTLICHKEIT

Verhängnisvoll ist nur Blindheit für die anvertraute Verantwortung! Solche Blindheit kann Skepsis sein. Bei den Propheten finden wir ein Echo der Ironie, mit der man ihnen begegnet:
„Weh denen, die in ihrem Wahn Unrecht mit Seilen herbeischleifen und wie mit Wagendeichseln Sünde und dabei sagen: So eile Er doch, beschleunige sein Tun, damit wir's sehen. Der Beschluß des Heiligen Israels soll nur eintreffen und kommen. Wir möchten ihn kennenlernen!“ Jes 5, 18 – 19

Der Einspruch Jesajas erweckt Heiterkeit! Mit Ironie wird die Mahnung des Propheten um ihre Wirkung gebracht. Anstatt Unglauben und Ironie bewirkt auch massive Indifferenz dieselbe Weigerung, eine Instanz anzuerkennen, die Rechenschaft fordert. Dies erzählt die Parabel vom reichen Prasser und dem armen Lazarus bei Lukas (16, 19 – 31). Der Reiche hat mit Lazarus nichts zu tun. Er geht ihn nichts an. Und dabei wird gerade dafür von ihm Rechenschaft gefordert, daß er den Armen von den Möglichkeiten seines Reichtums nicht profitieren ließ. Im Gleichnis sieht er es zu spät ein, da er schon jenseits der Todesgrenze ist. Er hat die Chance der ihm gegebenen Lebenszeit unnütz vertan. Da möchte er seine fünf Brüder aus dem Jenseits warnen lassen, damit sie nicht demselben Irrtum zum Opfer fallen. Er bekommt zur Antwort:
„Hören sie nicht auf Mose und die Propheten, wird sie nicht einmal ein von den Toten Auferstandener eines besseren belehren können!“ Lk 16, 31.
Warum? Es weiß jeder Mensch auf dem Grunde seines Wesens, daß er sich und sein Tun zu verantworten hat. Wenn er sich darum nicht kümmern mag, muß er sich daher zuerst dazu aufraffen. Hat er sich aber willentlich verschlossen, wird jeder Hinweis auf seine Verantwortlichkeit, woher er auch kommen mag, an diesem Entschluß abprallen. Die einzige Möglichkeit einer Änderung ist die Aufhebung seines Entschlusses, die Umkehr.

3.4 GOTTES PRÜFUNG

Leiden kann eine Prüfung Gottes sein. Dies sagen die Bibel und die Erfahrung der Heiligen immer neu:
„Wir wissen, daß Druck Widerstandskraft hervorbringt, Widerstandskraft macht erprobt, und aus der Erprobung kommt Hoffnung.“ Röm 5, 3 – 4

„Nehmt es für eine echte Freude, meine Brüder, wenn ihr in mannigfache Versuchungen geratet. Ihr wißt ja selbst, daß ein erprobter Glaube Widerstandskraft hervorbringt."
Jak 1,2–3

Erprobung ist das Ergebnis einer bestandenen Krisen- oder Drucksituation. Im Rückblick möchten wir solche Erfahrungen des Kampfes nicht missen. Wir spüren, daß sie uns weiter gebracht haben, als wenn wir nichts durchgemacht hätten.

Solche Erprobungen kennt die Erfahrung der Gläubigen in vielen Gestalten. Die dramatischste Anfechtung, die das Alte Testament erzählt, ist die Prüfung Abrahams, als ihn Gott aufforderte, seinen einzigen geliebten Sohn zu opfern (Gen 22). Abraham kann in einem solchen Ansinnen Gott nicht mehr verstehen. Er hat Ihn doch als einen ganz anderen erfahren. Wie kann Er so etwas von ihm verlangen, das in völligem Widerspruch zu allem steht, was Abraham früher von Ihm erlebt hat?

Gerade aufgrund des früher Erfahrenen hält Abraham an Gott fest und gehorcht Ihm, auch wenn er nichts mehr versteht. Die vergangene Erfahrung will Abraham trotz des gegenteiligen Anscheins der Gegenwart nicht aufgeben. Was Gott für Abraham gewesen ist, das kann ihm die Gegenwart nicht rauben. So empfinden es auch Ijob und der Beter des Psalms 22. Gott scheint jetzt alles auszureißen, was er damals gepflanzt hat. Er verwandelt die sinn- und hoffnungsvollen Anfänge in absurde Trümmer. Aber die Gläubigen weigern sich, sich damit abzufinden. Sie klammern sich an ihr Vertrauen zu Gott, auch wenn es sinnlos zu werden scheint.

Dieses unbeirrbare Festhalten am Vertrauen zu Gott allem zum Trotz ist die Erprobung, der Test, die Prüfung, ohne die offenbar Glauben nicht sein kann. Jesus zeigt es uns in abgründiger Weise im Ölgarten und am Kreuz, wo er Psalm 22 betet.

3.5 GOTTES STRAFEN

Ahndung von Bösem ist überall dort geboten, wo ein Widerstand Schlimmeres verhindert, während fehlender Widerstand dem Unrecht Vorschub leisten würde. In diesem Sinn rufen die Psalmen Gott auf, der Macht des Unrechtes zu wehren, z. B. Psalm 10:
„Warum, HERR, stehst Du abseits, entziehst Du Dich in den Zeiten der Not?
Im Hochmut des Bösen verbrennt der Arme; sie geraten in die Anschläge, die sie aushecken.
Denn der Böse rühmt sich, das, wonach es ihn gelüstete, erreicht zu haben; hat er den Gewinn, so segnet er höhnisch den HERRN.
Der Böse sucht nichts weiter in seiner Arroganz und Aggressivität, ‚Gott existiert nicht' das ist seine ganze Überzeugung." Ps 10,1 – 4
Der HERR kann solches nicht einfach hinnehmen. Seine Milde würde als jämmerliche Schwäche verlacht und sie würde nach Strich und Faden ausgebeutet, da Unrecht ja ungestraft getan werden könnte. So erklärt sich das an mehreren Stellen des Pentateuchs feierlich offenbarte Prinzip von Gottes Vergebung und Strafe (Ex 20,5 – 6; 34,6 – 7; Nu 14,18; Dt 5,9 – 10):
„Der HERR ist Gott, barmherzig und gnädig, schwer reizbar, von großer Hochherzigkeit und Verläßlichkeit, Er bewahrt Hochherzigkeit für tausend Generationen. Er hebt Schuld, Verfehlung und Sünde auf, Er spricht jedoch keineswegs einfach frei, da Er die Schuld der Väter an den Söhnen und Enkeln, an der dritten und vierten Generation prüft." Ex 34,5 – 6.
Diese Selbstdarstellung Gottes bedeutet in ihrem alttestamentlichen Zusammenhang die Vergebung des Bundesbruches, den das Volk Israel durch die Herstellung und Verehrung eines goldenen Stierbildes öffentlich vollzogen hatte. Obwohl sich Israel dadurch von seinem Gott

grundsätzlich losgesagt hat, nimmt Gott es auf Moses dreimalige Fürbitte hin wieder als sein besonderes, geliebtes Volk an. Diese Versöhnung begründet Gott selber eben durch diese seine Selbstdarstellung. Warum vergibt Er die durch nichts zu rechtfertigende Ablehnung, die Ihm sein Volk widerfahren ließ?

In sieben positiven Ausdrücken schildert Gott, wieviel Ihm Versöhnung bedeutet! Seine einmal geschenkte Huld oder Hochherzigkeit (das Wort bezeichnet die Bindungsfreude, die Bereitschaft, Verantwortung und Verpflichtungen zu sehen und gerne zu übernehmen) erstreckt sich über tausend Generationen. Sie ist nicht an die engen Grenzen menschlicher Existenzdauer gebunden. Deshalb überwindet sie auch die Enttäuschung über die Undankbarkeit einer Generation, die den Wert von Gottes Freundschaft nicht zu schätzen vermag.

Auf die sieben positiven Gründe, die Gottes Versöhnlichkeit und Vergebungsbereitschaft erklären, folgt in einem scheinbaren Widerspruch so etwas wie ein Vorbehalt: Er spricht trotzdem nicht einfach frei, ohne zuvor der Schuld der Väter bei ihren Söhnen, Enkeln und Urenkeln nachgegangen zu sein! „Nachgehen" wird traditionellerweise mit „heimsuchen" übersetzt, gelegentlich auch (so die Einheitsübersetzung) mit „strafen". Gemeint ist „überprüfen", „kontrollieren", „nachschauen". Gott überprüft, ob die Schuld, für die sich die Väter verantworten müssen, auch den Kindern und Kindeskindern vorzuwerfen ist, oder ob sich diese von der Schuld ihrer Väter distanzieren. Ist dies letztere der Fall, ist die Schuld als einmalig vergeben. Einmal ist keinmal. Das Unrecht ist Episode, Tat einer Generation geblieben. Da es die folgenden Generationen fallen ließen, ist es auf die einzige Generation der Väter beschränkt.

Setzen jedoch die Söhne das Unrecht der Väter fort, nimmt dieses an Umfang zu. Nicht nur eine, sondern nun schon zwei Generationen wählen das Böse. Tritt auch noch eine dritte und dann eine vierte Generation in die bösen Fußstapfen der ersten und zweiten, droht sich das Unrecht einzubürgern und zur festen Tradition zu werden – vorausgesetzt, es begegnet auch weiterhin keinem Widerstand, wie es während der ersten, zweiten, dritten und vierten Generation auf keinen Einspruch gestoßen war. Wartete Gott noch länger zu, würde er das Unrecht bestätigen, dessen Erfolg konsolidieren und die Ohnmacht des Rechtes vor aller Augen endgültig offenbaren und dulden.

Um des Rechtes willen muß Gott dem fortdauernden Erfolg des Unrechtes ein Ende setzen. Es geht nicht um die Heimzahlung der Schuld böser Eltern an unschuldigen Kindern, wie das Wort so oft mißverstanden wurde. Das Anliegen ist ein ganz anderes! Gott möchte mit dem strafenden Eingreifen erst noch warten. Die Schuld könnte ja vielleicht nur kurze Zeit dauern, vielleicht nur eine einzige Generation. Wäre es dann nicht übereilt, hier schon ahnden zu wollen? (In Dt 7,9 – 10 steht freilich eine Drohung, dergemäß Gott unverzüglich ahnden werde.) Erst wenn sich zwei, drei, ja vier Generationen im Wahne wiegen, Gott sei schwach, gleichgültig, unfähig, etwas gegen sie zu unternehmen, und in solchem Wahn das Unrecht immer ungestörter und daher immer schamloser fortsetzen, sieht sich der göttliche Richter endlich genötigt, die Verantwortlichen zur Rechenschaft zu ziehen.

Gott straft also mit Geduld. Die Zeit der Geduld ist Ausdruck der Versöhnlichkeit Gottes. Er wartet auf Gesinnungsänderung, die in der Frist der Geduld eintreten mag. Erst wenn Gottes Geduld statt zur Umkehr nur zu immer Schlimmerem mißbraucht wird, ahndet Er es. Denn ahndete Er es nicht, würde seine Geduld zum Vorwand für noch frecheres Böses, und damit würde Gott wie ein Komplize selbst für Böses verantwortlich werden. „Versöhnliches Strafen“ ist vielleicht zusammenfassend nach alledem der Begriff, der Gottes Art und Weise des Strafens am besten treffen könnte. Denn es gibt Bedingungen, in denen es gerecht ist, dem Unrecht Widerstand zu leisten, um dem Recht und dem Guten zum Sieg zu verhelfen. Aber dieser Widerstand selbst ist bei Gott nie ohne Versöhnlichkeit.

IM LEID GEFANGEN

Das Kreuz der Depression

Bernadette Schacher

Christen sind aufgerufen, im Blick auf den Gekreuzigten einen Sinn für ihr Leid zu finden. Wie aber können die so vielen an einer Depression Leidenden unter ihnen einen Sinn gerade in dem Leid finden, das diesen Blick verfälscht, und so ihren Schmerz noch vertieft? Ist es überhaupt möglich, in einer Depression, die ja gerade die Fähigkeit, einen Sinn zu finden, lähmt, den Blick so auf den Gekreuzigten zu richten, daß ein „Ja-Vater" in Christus wahrhaft gesprochen werden kann?
Ich möchte in diesem Beitrag über die Depression aufzeigen, wie sehr dieses Leid den Glauben eines Menschen belasten kann. Oft und auf vielfältige Weise habe ich erfahren, daß durch die Depression das Gottesbild derart verzerrt wird, daß eine Heilung vom Glauben her nicht mehr möglich ist. Der Blick auf Jesus hilft durchzuhalten, nicht zu verzweifeln an sich und an Gott. Doch zur Heilung einer Depression braucht es spezifische Hilfe (Psychotherapie). Eine solche kann auch für den Glauben eine echte Chance – wahre Gnade – sein.

1 DURCHS DASEIN SCHULDIG

Ein Mensch, der leidet, wendet sich, wenn er gläubig ist, an Gott. Er ruft, fragt nach Antwort und versucht, im Leiden Jesu einen Sinn für sein eigenes Leiden zu finden. Dies gilt kaum für den an einer tiefen Depression leidenden Menschen: Dieser stellt keine Fragen, da er glaubt, die Antwort zu kennen. Er fühlt sich zutiefst schuldig – schuldig zu existieren! – und glaubt deshalb, daß das Leid seinen Ursprung in ihm selbst hat. Durch sein Da-Sein nimmt er ja Platz ein, stellt Forderungen, braucht Zuwendung und Hilfe. Er kann sich nicht vorstellen, daß seine Existenz für andere zählt, für andere Bedeutung hat. Aus dieser „Schuld zu existieren" heraus verdrängt er seine Bedürfnisse, baut sich ein Ideal auf, das darin besteht, „nichts zu brauchen", und fühlt sich schuldig, wenn er diesem Ideal nicht zu entsprechen vermag. Er spricht sich das Recht ab, etwas zu brauchen oder jemanden nötig zu haben.

Doch jeder Mensch hat Bedürfnisse. Geht es in unserem Menschsein nicht darum, sie wahrzunehmen, sie als „von Gott gewollt" zu erkennen und anzunehmen? Gott der Schöpfer spricht auch durch unsere Bedürfnisse, durch unsere Wünsche zu uns. Wer seine fundamentalen Bedürfnisse ignoriert, sie verdrängt, um sich gleich „Höherem" zuzuwenden, ist wie der Mann im Evangelium, der sein Haus auf Sand baut: Sobald Stürme toben und am Haus rütteln, stürzt es ein und wird völlig zerstört (Mt 7,24 – 27; Lk 6,47 – 49).

Der an Depression leidende Mensch lehnt unbewußt sein Mensch-sein ab, sieht in seiner Begrenztheit „Schuld" und glaubt, sein zu müssen „wie Gott". Er möchte immer nur geben können, nie etwas nehmen. Er vergißt – hat es vielleicht nie erfahren –, daß wahre Liebe Geben und Nehmen ist, daß in der Liebe Nehmen oft Geben ist! Wahrhafte, echte Selbstliebe ist nicht von der Du-Liebe zu trennen. Es besteht kein Abstand zwischen den beiden. In der Gegenwart des Du bin ich mir selber am nächsten. „Du sollst deinen Nächsten lieben wie dich selbst", sagt Jesus. Ja, Jesus geht davon aus, daß wir uns selbst lieben. Aber heißt Liebe nicht auch Bedürfnisse ernst nehmen? Nicht nur beim andern, auch bei uns! Wer nie erfahren hat, wer sich nie bewußt geworden ist, was er selbst alles braucht – von seiner Kindheit an gebraucht hat oder gebraucht hätte –, kann auch die Bedürfnisse seiner Mitmenschen nicht in Liebe annehmen und wird deshalb kaum versuchen, alles in Bewegung zu setzen, um sie zu befriedigen. Wer Angst vor den eigenen Bedürfnissen hat, kann den Bedürfnissen des andern nicht freudig, nicht liebend entgegenkommen.

Wir wissen heute auch, daß verdrängte Bedürfnisse sich auf andere Weise zu Wort melden. Durch Verdrängung werden sie nicht aufgehoben, sondern nur in eine andere Bahn gelenkt. Wieviel Aggressivität, Haß und Neid sind im Grunde genommen Ausdruck bestehender, aber verdrängter Bedürfnisse! So ist es durchaus im Sinne christlicher Nächstenliebe, Bedürfnisse ernst zu nehmen, zu versuchen, sie soweit als möglich zu befriedigen. Man darf nicht vergessen, daß Glück, tiefe Zufriedenheit den Menschen öffnet, ihn „besser", „liebender", ja „gottfähiger" macht!

2 FROHBOTSCHAFT

Der an Depression leidende Christ sucht im Evangelium nach einer Daseinsberechtigung, nach einem Wort Jesu, das sein Leiden erträglicher machen würde. Unbewußt sucht er jedoch nach einer Bestätigung dessen, was er schon „weiß" ... Wie bei jeder Predigt, bei jedem Glaubensgespräch pickt sich der an Depression Leidende auch im Evangelium gerade das heraus, was ihn in seiner Ansicht, in seiner Überzeugung, in seinem negativen Bild von sich (und Gott!) bestätigt. Alles, was er sieht, hört und liest, wird einem inneren Schema angepaßt, das seit seiner frühen Kindheit, auf tiefverwurzelter verdrängter Erfahrung beruhend, sein Denken und Fühlen prägt.

So findet er zum Beispiel im Gleichnis vom Sämann (Mt 13,1–9; Mk 4,1–9; Lk 8,4–8) erneute Bestätigung seiner Existenzunwürdigkeit: Ist nicht *er* der steinige Boden, der es dem Wort Jesu nicht erlaubt, Frucht zu bringen, aufzugehen? Und es entstehen neue Schuldgefühle, erneute Angst. Er beurteilt sich als „steinigen Boden", ohne sich zu fragen, warum die Erde steinig ist. Kommt das nicht vielleicht daher, weil die Erde nie bekommen hat, was sie dringend gebraucht hätte? Wenn Erde nur „geben" will, ohne etwas zu „brauchen", wird sie steinig...

Auch in den Seligpreisungen (Mt 5,3–12; Lk 6,20–26) gibt es keinen Platz für den depressiv Leidenden. Wie könnte er sich „selig" vorstellen, er, der nicht weiß, was innere, tiefe Freude am Sein ist! Doch er glaubt, von Jesus nicht selig gepriesen zu werden, weil er ja nicht arm sei: Er habe so viel Unverdientes, er, der nichts „verdient"! Er sei auch kein wahrhaft Trauernder, kein Sanftmütiger, kein Hungernder, sein Herz sei nicht „rein", denn es sei erfüllt von Wünschen – und er habe doch kein Recht, Wünsche zu haben! Daß er nicht Frieden stifte, sehe er ja täglich, er, dessen Existenz für die anderen zweifellos eine Last sei. Und verfolgt werde er nur von sich selbst.

Die Person Jesu aber zieht ihn an. Irgendwie fühlt er, daß Jesus ihm, gerade ihm etwas zu sagen hat. So versucht er verzweifelt, was er *tun* könnte oder müßte, um von ihm angenommen, geliebt zu werden. Sein ganzes Leben ist ja von diesem Wunsche geprägt: geliebt zu werden. Doch auch dieses Bedürfnis ist so sehr verdrängt, daß er es nicht mehr wahrnehmen, nicht mehr anmelden kann.

Sein unbewußter Versuch, ihm zu entsprechen, drückt sich in Form eines unentwegten Bemühens, nützlich zu sein, aus. Er geht bis zum Äußersten seiner Kräfte, er opfert sich auf, um dies zu erreichen, bis er nicht mehr kann und zusammenbricht. Dann fühlt er sich bestätigt in dem, was er immer schon wußte: daß sein Dasein nur Last, Belastung ist. Auch für Gott. „Es wäre besser für ihn, wenn er mit einem Mühlstein um den Hals im tiefen Meer versenkt würde"... (Mt 18,6; Mk 9,42; Lk 17,2) Ja, den Mühlstein hat er, und der zieht ihn unentwegt nach unten, immer tiefer und tiefer. Nur, der Mühlstein kommt nicht von Gott!

Er sucht weiter in der Botschaft Christi. „Wer mein Jünger sein will, der verleugne sich selbst" – (*ja, das, das geht*... Der an Depression Leidende glaubt, „sich zu verleugnen", weil er sich nicht annimmt. Das wahre Sich-Verleugnen im christlichen Sinn setzt jedoch das Sich-Annehmen voraus.) –, „nehme sein Kreuz auf sich und folge mir nach" (Mt 16,24; Mk 8,34; Lk 9,23). Aber er hat ja kein Kreuz, er *ist* das Kreuz für andere! Sein Leiden kommt ja von ihm, von seiner Schuld, von seiner Undankbarkeit, von seiner Unzulänglichkeit zu lieben. Denn selbst wenn er liebt, wirft er sich vor, nicht richtig, nicht selbstlos genug zu lieben. Er dürfte ja nichts brauchen. Doch wer liebt, „braucht" die Gegenwart, die Liebe des andern...

Und schließlich stößt er auf Worte, die ihn gefangen nehmen: „Wer das Leben um meinetwillen verliert, wird es retten" (Mt 10,39; Lk, 9,24; Mk 8,35), oder: „Wenn das Weizenkorn stirbt, trägt es viele Frucht" (Joh 12,24). Dieses Wort fasziniert, trifft auf einen tiefen Wunsch, der so wenig wie die andern Wünsche nie ausgesprochen wurde: *Sterben.* Und dies im Einklang mit der Botschaft Christi! Wie das ganze Evangelium, so wird auch dieses Wort durch die neurotische Struktur der depressiven Persönlichkeit verzerrt und ihrer „Weltanschauung" angepaßt.

Das einzige Wort der Hoffnung, das der Depressive in der Frohbotschaft Christi findet, ist *Sterben.* Nicht der Erlösungstod Jesu, dem die Auferstehung folgt, sondern das Sterben, das Nicht-mehr-existieren. Und die Frucht, die dieses Sterben trägt? Die Welt ist endlich von seinem Dasein befreit!

3 „SEIN WIE GOTT"

Das, was gerade einem an Depression leidenden Menschen helfen könnte, ist die befreiende Botschaft des Evangeliums, die Tatsache, daß wir von Gott angenommen sind. Als Menschen. Wir brauchen nicht zu sein „wie Gott". Als sein Ebenbild erschaffen, dürfen wir ihm ähnlich sein, doch bleiben wir Erschaffene, Begrenzte.
„Dann sprach Gott: Laßt uns den Menschen machen als unser Abbild, uns ähnlich (...) Gott schuf also den Menschen als sein Abbild; als Abbild Gottes schuf er ihn. Als Mann und Frau schuf er sie. Gott segnete sie, und Gott sprach zu ihnen: Seid fruchtbar und vermehrt euch, bevölkert die Erde, unterwerft sie euch. (...) Die Schlange (...) sagte zu der Frau: Hat Gott wirklich gesagt: Ihr dürft von keinem Baum des Gartens essen? Die Frau entgegnete der Schlange: Von den Früchten der Bäume im Garten dürfen wir essen; nur von den Früchten des Baumes, der in der Mitte des Gartens steht, hat Gott gesagt: Davon dürft ihr nicht essen, und daran dürft ihr nicht rühren, sonst werdet ihr sterben. Darauf sagte die Schlange zur Frau: Nein, ihr werdet nicht sterben. Gott weiß vielmehr: Sobald ihr davon eßt, gehen euch die Augen auf; ihr werdet wie Gott und erkennt Gut und Böse" (Gen 1,26–28; 3,1–5).
Der falsch erfahrene Wunsch, „zu sein wie Gott", hat die Menschheit ins Unglück gestürzt, der unbewußte

Wunsch, „zu sein wie Gott“, d.h. nichts zu brauchen, selbst zu bestimmen, was für uns gut und was für uns schlecht ist, und zugleich zu wünschen, allen alles zu sein, stürzt den depressiven Menschen in die Ausweglosigkeit seines Daseins. Denn sein von Gott erschaffenes und von Christus auf Gott hin befreites Mensch-Sein ist seine wahre Größe. Dieses angenommene, erkannte Mensch-Sein ist Ausgangspunkt für die Annahme des Schöpferwillens, „Gott ähnlich“ zu werden. Es liegt nicht in der Macht des Menschen, zu sein „wie Gott“; doch ist auch dieser tiefe Wunsch, der gerade beim depressiven Menschen zum Ausdruck kommt, „Wort Gottes“. Der Mensch ist in Wahrheit dazu berufen, durch und in der Liebe Gottes „wie Gott“ zu werden. Nicht im Sinne einer unendlichen Kraft- und Willensanstrengung, sondern dank der göttlichen Kraft der Liebe.
In Christus, wahrer Mensch, der die Liebe und die Zärtlichkeit einer Mutter und eines Vaters brauchte, um heranzuwachsen, der die Schuld der Menschheit trug, der ertrug, daß er nicht allen alles war – wie dies in der Begegnung mit dem „reichen Jüngling“ zum Ausdruck kommt (Lk 18, 18 – 23; Mt 19, 16 – 27; Mk 10, 17 – 24) –, könnte gerade der an Depression Leidende wahrhaft Heil finden. Seine Angst, durch sein Dasein allein schon schuldig zu sein, könnte dadurch überwunden werden, daß er sich in seiner Endlichkeit, in seiner Menschlichkeit „gewollt“, von Gott erschaffen und geliebt weiß. Das Evangelium zeigt uns Menschen, die in ihrer Unzulänglichkeit, in und trotz ihrer Sündhaftigkeit von Jesus angenommen und geliebt wurden. Die Sünderin (Lk 7, 36 – 50; vgl. auch Mt 26, 6 – 13; Mk 14, 3 – 9), die die Füße Jesu salbt, sie mit Tränen benetzt und mit den Haaren trocknet, wird von Jesus geliebt. Nicht zuerst wegen ihres Tuns – obgleich ihr Tun Ausdruck ihres Seins ist –, sondern wegen ihres Da-Seins in Liebe. Sie braucht Jesus und tut alles, um ihn zu erreichen.

Auch der schuldig gewordene Petrus, nachdem er den Herrn verleugnet hatte, durfte in den Augen des Herrn Vergebung, ja Frieden, sogar Freude über sein Da-Sein lesen: „Petrus, liebst Du mich?“ (Joh 21, 15 – 19). So kann nur fragen, wer den andern ernst nimmt, wem es auf die Liebe des andern ankommt, für wen das Da-Sein des andern zählt.

4 ZENSUR IM INNERSTEN

Es wurde bewußt gesagt, was dem depressiven Menschen helfen *könnte* ... aber, sagen wir es offen, eben nicht kann! Wir müssen den Mut haben, als Gläubige, als Theologen, als „geistliche Meister“ zu akzeptieren, daß die Botschaft Christi da, hier und jetzt, in dieser konkreten Situation, nicht heilen *kann* ... *noch nicht* heilen kann. Zuerst muß der depressive Mensch durch spezifische Hilfe fähig werden, die Botschaft von der Liebe Gottes anders als durch die krankhafte Zensur seiner wunden Seele aufzunehmen. Solange Worte (und seien es Worte göttlicher Autorität) nur durch die verdrängte Erfahrung tief verwurzelten Nicht-angenommen-Seins ins Herz dringen, bleiben sie leer und wirkungslos. Ja, selbst die Liebe (und sei es die Liebe eines Gottes) fällt auf so tiefe Wunden, daß sie nicht die ganze, der Liebe innewohnende Lebenskraft entwickeln kann. Zuerst müssen die Wunden soweit geheilt sein, daß sie eine Aufnahme der christlichen Botschaft ohne allzu große Deformierung erlauben.

Gewiß, niemand, auch nicht der gesündeste Mensch kann behaupten, die ganze Intention Christi voll und richtig erfaßt zu haben. Doch können wir versuchen, immer tiefer und immer wahrer in die Botschaft einzudringen. Beim Depressiven jedoch verhindert die innere

Zensur, die bei allem nur das ihn Verurteilende durchläßt, schon den Zugang zu der befreienden Botschaft Christi. Das „Instrument" zum wahren Hören der Botschaft fehlt, nicht die Fähigkeit, sie zu bejahen. Die psychische Struktur muß sich neu bilden, was eine wahre Umkehr im Denken und Fühlen bewirkt. Erst in dieser Umkehr wird der Glaubende überrascht erkennen, daß „das Reich Gottes nahe ist".

5 UMKEHREN ZU EINER NEUEN SEHWEISE

Für den an Depression Leidenden ist diese psychische Neustrukturierung Chance für die Heilung. Für den befreit Glaubenden ist sie Gnade, die zur Umkehr führt. Umkehr heißt ja: um-kehren, nicht mehr den gleichen Weg gehen, nicht mehr die gleiche Art haben, die Dinge – und sich selber! – zu sehen. Alte Verhaltensweisen werden korrigiert, vertraute Praktiken kritisch überdacht. Befreiend darf der Geheilte feststellen, daß er nicht zu sein braucht „wie Gott", daß sein Menschsein selber ihm seine ihm eigene Würde verleiht. Die Menschwerdung Gottes bezeugt dies.

Auch ein Geheilter hat immer neu und immer wahrer „Mensch zu werden". Er muß lernen, seine Körperlichkeit, seine Begrenztheit, seine Bedürfnisse anzunehmen, ja gerade darin Gott zu begegnen. In dieser nie beendeten „Menschwerdung" kann der von der Depression geheilte Glaubende in Christus sein Vorbild, seinen Bruder finden. Und bevor er sich dem Kreuz Christi zuwendet, ist es heilsam für ihn, die ganze Menschlichkeit Jesu zu betrachten: Jesus in der Krippe, der durch sein Da-Sein unaussprechliche Freude bewirkt (Lk 2, 1 – 20); Jesus am Jakobsbrunnen, müde und durstig, der die Samariterin um Wasser bittet (Joh 4, 1 – 26); Jesus, der sich zurückzieht,

weil er Stille braucht, obschon die Menschenmenge nach ihm ruft (Joh 6, 15); Jesus im Ölgarten, wo er in dieser schmerzlichen Stunde die Nähe seiner Jünger braucht.
Die innere Neustrukturierung korrigiert nicht automatisch die früheren Bilder von Christus. Der aus der Depression herauskommende Christ kann sie aber nun neu in sich aufnehmen. Wie befreiend klingen doch jetzt für ihn die Worte Jesu: „Bekehret euch!" Es geht nicht zuerst um Schuldlosigkeit, es geht um eine andere (göttliche) Art, die Dinge – und auch sich selbst – zu sehen. Und alles ist ganz anders. Auch Gott.

6 DIE ERFAHRUNG EINER DEPRESSION

Der Weg zur Heilung beinhaltet die Erfahrung, daß so vieles „falsch" ist, was man als richtig ansah, daß so vieles ganz anders ist, als man von jeher so fest glaubte. Dies zwingt den Glaubenden, sein Leben und auch die Botschaft Jesu Christi neu zu überdenken. Die Erfahrung, angenommen, geliebt zu sein, so wie er ist, ohne die eine Heilung der Depression kaum möglich ist, erlaubt nun dem von der Depression Geheilten, sich auch von Gott angenommen, geliebt zu glauben.
Durch und in diesem Angenommen-Sein hat er gelernt, seine Bedürfnisse anzunehmen, sich um ihre Befriedigung zu bemühen. Er stößt in ihnen gleichsam auf den „Willen Gottes", den Plan Gottes. Gott der Schöpfer „spricht" durch unser körperliches Sein, das an so vieles gebunden ist. Wir sind geschaffen, um uns gegenseitig zu helfen, um in gegenseitig bereichernde Beziehungen zu treten, um so miteinander Gott zu verkünden und Gott zu loben.
Gott spricht durch unsere tiefsten Wünsche: Hat nicht er sie uns ins Herz gegeben? Der tiefe Wunsch nach Liebe,

nach Geborgenheit, nach „Ganzheit", der Wunsch, glücklich zu sein, kommt vom Schöpfer, und nichts im Leben Jesu widerspricht dieser Schöpferintention. Warum ist es so viel leichter zu glauben, das Leid komme von Gott? Vielleicht, weil nur das Leid uns zwingt, bis an den Ursprung unseres Seins vorzudringen? Die Freude, das Glück, die Liebe „zwingen" nicht, doch erlauben gerade sie ein viel tieferes Gottesverständnis. Denn „Gott ist die Liebe" (1 Joh 4, 8).

Dieses von Gott Angenommen-Sein verlangt vom Menschen, sich nicht mehr zu verurteilen. Der geheilte Depressive erkennt, wie sehr sein Leben, Beurteilen und Verurteilen von seinem verletzten Blick her deformiert war. Er wird nun vorsichtiger, demütiger im Urteilen. Er ist sich bewußt, daß er nie alle Elemente besitzt, um sich und die andern zu sehen, wie sie wahrhaft sind. „Richtet nicht ..." (Mt 7, 1; Lk 6, 37). Dieses Wort Christi ist wohl die tiefste Umkehr, die wahrhafteste Askese, die vom Depressiven verlangt wird. Er, der sich in seiner Menschlichkeit verurteilte, der auch glaubte, das Urteil Gottes und der Menschen über sich zu kennen, ist dazu aufgerufen zu bekennen, daß Jesus nicht gekommen ist, die Welt zu verurteilen, sondern sie zu retten (Joh 3, 17; 12, 47).

Dieser bewußte Verzicht aufs Urteilen und Verurteilen macht den Menschen frei. Endlich kann er sich annehmen, so wie er ist! Und indem er sich annimmt, wird er fähig, auch den Mitmenschen so anzunehmen, wie er ist: anders. Der andere ist nicht mehr Instrument, um Schuldgefühle zu konkretisieren oder die Existenz zu rechtfertigen. Er wird als der gesehen, der er ist: Mit-Mensch. So werden endlich authentische, bereichernde Begegnungen möglich. Der von der Depression Geheilte kann nun Beziehungen aufbauen, die ihm erlauben, mit dem andern und im andern zu leben und gerade so sein Da-Sein zu bejahen. Von sich selbst befreit, ist er offen für das, was das Da-Sein des andern für ihn bereithält.

Von seiner „Schuld“ dazusein entlastet, entdeckt er die Freude da-zu-sein aus Liebe. Lieben und Geliebt-werden fließen ineinander, untrennbar. In der Liebe des Du und in der Liebe zum Du werde ich Selbst.

7 NACHFOLGE CHRISTI: LIEBE IST STÄRKER ALS ALLE KREUZE

„Zu allen sagte er (Jesus): Wer mein Jünger sein will, der verleugne sich selbst, nehme täglich sein Kreuz auf sich und folge mir nach“ (Lk 9, 23). Steht all das Gesagte nicht im Widerspruch zu diesem Wort der Christus-Nachfolge? Nein. Denn nur wer sich selbst angenommen hat, kann sich „verleugnen“ um eines höheren Wertes willen; nur wer darauf verzichtet, über den Sinn (oder Un-Sinn) seines Lebens zu bestimmen, kann ihn finden im Ich/Du der Liebe.

Jesus nachfolgen heißt: einstimmen in die Sendung Christi, in die Regung seines Herzens. Nicht das Leid macht den Jünger Jesu aus, sondern die innere Einstimmung in seine Geisteshaltung: „Ich preise Dich, Vater.“ Das Kreuz ist das, was diese Sendung „durchkreuzt“ – „Warum, Vater?“ Doch die Liebe ist stärker als das Kreuz. Die Liebe des Schöpfers ist stärker als jegliches von Menschenhand gezimmerte Kreuz: Um dies in Wahrheit zu verkünden, um so unsere christliche Hoffnung zu gründen, mußte Jesus durch das Kreuz hindurch. Nur so konnte die Menschheit erfahren, daß Liebe Kreuz und Tod überwindet.

Der Tod, das Nicht-Sein zieht den an Depression Leidenden an. Seine Umkehr – seine Heilung? – besteht darin, sich vom Sein, von der Liebe anziehen zu lassen. Dies ist der Wille des Schöpfers und das „Ja, Vater“ des Sohnes. Auch dann, wenn das Kreuz die Liebe durchkreuzt.

DIE AUTOREN

Dr. Leo Karrer, geboren 1937; Professor und Leiter des Pastoralinstituts der theologischen Fakultät an der Universität Fribourg, Schweiz; Autor zahlreicher Veröffentlichungen

Bernadette Schacher, geboren 1941 in Bern; Studium der Theologie in Fribourg; seit 1972 wissenschaftliche Mitarbeiterin am Biblischen Institut der Universität Fribourg.

Dr. Adrian Schenker, geboren 1939 in Zürich; Dominikaner, Professor für Altes Testament an der Universität Fribourg und Verfasser mehrerer Arbeiten zur alttestamentlichen Textgeschichte und biblischen Theologie.